茶具鉴藏全书

赵建旗　编著

全国百佳出版社
中央编译出版社
Central Compilation & Translation Press

图书在版编目(CIP)数据

茶具鉴藏全书 / 赵建旗编著. —北京：中央编译出版社，2017.2
(古玩鉴藏全书)
ISBN 978-7-5117-3122-7

I. ①茶… II. ①赵… III. ①茶具－鉴赏－中国②茶具－收藏－中国 IV. ①K875.2②G262.7

中国版本图书馆 CIP 数据核字 (2016) 第 235962 号

茶具鉴藏全书

出 版 人：葛海彦
出版统筹：贾宇琰
责任编辑：邓永标　舒　心
责任印制：尹　珺
出版发行：中央编译出版社
地　　址：北京西城区车公庄大街乙 5 号鸿儒大厦 B 座 (100044)
电　　话：(010) 52612345 (总编室)　(010) 52612371 (编辑室)
(010) 52612316 (发行部)　(010) 52612317 (网络销售)
(010) 52612346 (馆配部)　(010) 55626985 (读者服务部)
传　　真：(010) 66515838
经　　销：全国新华书店
印　　刷：北京鑫海金澳胶印有限公司
开　　本：710 毫米 × 1000 毫米　1/16
字　　数：350 千字
印　　张：14
版　　次：2017 年 2 月第 1 版第 1 次印刷
定　　价：79.00 元

网　　址：www.cctphome.com　邮　　箱：cctp@cctphome.com
新浪微博：@中央编译出版社　微　　信：中央编译出版社 (ID：cctphome)
淘宝店铺：中央编译出版社直销店 (http://shop108367160.taobao.com) (010) 52612349

凡有印装质量问题，本社负责调换，电话：010-55626985

前言

中国是世界上文明发源最早的国家之一，也是世界文明发展进程中唯一没有出现过中断的国家，在人类发展漫长的历史长河中，创造了光辉灿烂的文化。尽管这些文化遗产经历了难以计数的天灾和人祸，历尽了人世间的沧海桑田，但仍旧遗留下来无数的古玩珍品。这些珍品都是我国古代先民们勤劳智慧的结晶，是中华民族的无价之宝，是中华民族高度文明的历史见证，更是中华民族五千年文明的承载。

中国历代的古玩，是世界文化的精髓，是人类历史的宝贵的物质资料，反映了中华民族的光辉传统、精湛工艺和发达的科学技术，对后人有极大的感召力，并能够使我们从中受到鼓舞，得到启迪，从而更加热爱我们伟大的祖国。

俗话说：“乱世多饥民，盛世多收藏。”改革开放给中国人民的物质生活带来了全面振兴，更使中国古玩收藏投资市场日见红火，且急遽升温，如今可以说火爆异常！

古玩收藏投资确实存在着巨大的利润空间，这个空间让所有人闻之而心动不已。于是乎，许多有投资远见的实体与个体（无论财富多寡）纷纷加盟古玩收藏投资市场，成为古玩收藏的强劲之旅，古玩投资市场也因此而充满了勃勃生机。

艺术有价，且利润空间巨大，古玩确实值得投资。然而，造假最凶的、伪品泛滥最严重的领域也当属古玩投资市场。可以这样说，古玩收藏投资的首要问题不是古玩目前的价格与未来利益问题，而应该说是它们的真伪问题，或者更确切地说，是如何识别真伪的问题!如果真伪问题确定不了，古玩的价值与价格便无从谈起。

为了更好地解决这一问题，更为了在古玩收藏投资领域仍然孜孜以求、乐此不疲的广大投资者的实际收藏投资需要，我们特邀国内既研究古玩投资市场，又在古玩本身研究上颇有见地的专家编写了这本《茶具鉴藏全书》，以介绍茶具专题的形式图文并茂，详细阐述了茶具的起源和发展历程、茶具的分类和时代特征、收藏技巧、鉴别要点、保养技巧等。希望钟情于茶具收藏的广大收藏爱好者能够多一点理性思维，把握沙里淘金的技巧，进而缩短购买真品的过程，减少购买假货的数量，降低损失。

本书在总结和吸收目前同类图书优点的基础上进行撰稿，内容丰富，分类科学，装帧精美，价格合理，具有较强的科学性、可读性和实用性。

本书适用于广大茶具收藏爱好者、国内外各类型拍卖公司的从业人员，可供广大中学、大学历史教师和学生学习参考，也是各级各类图书馆和拍卖公司以及相关院校的图书馆装备首选。

编者

2016年11月于北京·阅园

目录

第四章

茶具的质地分类

第五章

古代茶具的识别

第一章

茶具概述

一 茶具的起源

品茶的乐趣，不仅要注重茶叶的色、香、形、味和品茶的心态、环境、话题，还要注重用什么茶具加以配合。对于今天的众多学科而言，茶具艺术本身也是一门发展中的学科，尤其今天，作为“茶”的含义在不断扩大，很多没有或有很少茶叶成分的也称作了“茶”，茶具就更为丰富了。明代许次纾在《茶疏》中说：“茶滋于水，水藉于器，汤成于火，四者相須，缺一则废。”一般来说，茶具是茶中最不被注意的方面，甚至有的人认为茶与茶性之间没有直接联系。这些实际上是大错特错的，是因为缺乏了解而不理解的结果。

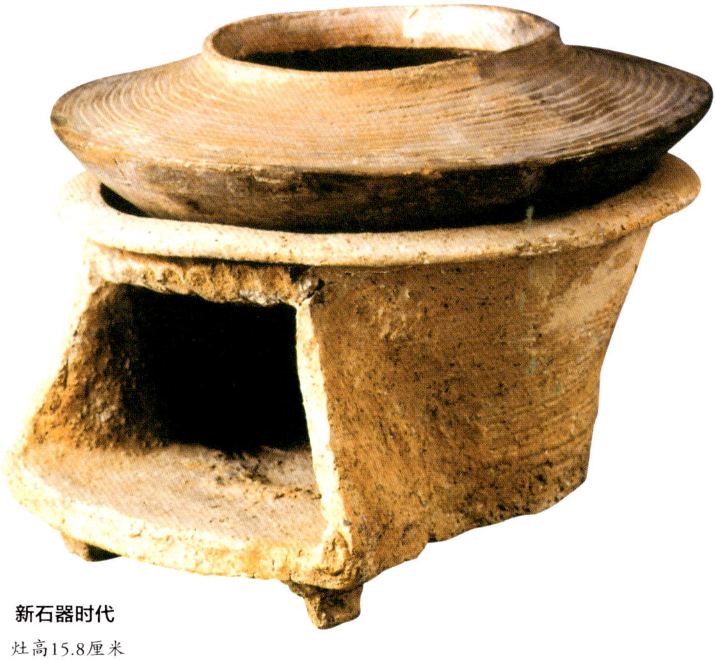

△ **红陶釜、灶　新石器时代**

釜高10.9厘米　灶高15.8厘米

河南省陕县庙底沟出土。这类陶制炊具，多为夹砂粗陶，具有耐火，不易破裂和传热快的特点。

△ **黑陶盒、黑陶双耳杯和黑陶单耳杯　新石器时代**

山东省胶县三里河出土。生活用具。龙山文化时期，山东地区出现了大量单色无彩的新型陶器，尤以黑陶最为典型，其胎壁薄而均匀，烧制的火候也较高，有的烧成温度竟高达1 050℃，反映了窑室的通风有所改善。这类黑陶的陶色十分纯正，可能已采用掺碳烧制的技术。

△ **风炉、茶镀　唐代**

通高15.6厘米

风炉即古代煮茶所用的炭炉，功用有点像从前冬天使用的火锅（南方又称暖锅），但风炉煮的是茶，火锅烧的是下饭喝的汤。风炉一般以铜或铁铸成，状似古鼎，有三足，并饰有古文或图案。炉壁与炉膛有间隔，其间用泥涂满充填。炉膛用锻铁或揉泥制成，内有放燃料（主要用炭）的炉床和三个镀支的架。炉腹有通风口，炉底洞口用来出灰，下有承装炭灰的盘，名字就叫承灰。

茶镀又名釜、镀，就是煮茶用的锅子。一般以生铁制作。镀耳方形，使之安放平稳；镀缘敞开，使茶末煮

△ **青花花卉执壶　清乾隆**

高25.5厘米

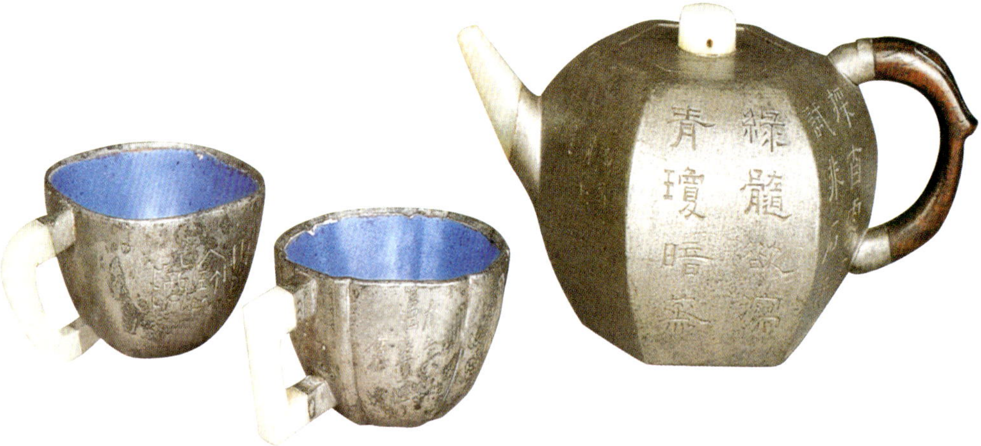

△“石梅”款锡镶玉壶、碗（一套）　清嘉庆

△ **珐琅彩四季花卉纹壶　清代**

高9厘米　宽13.8厘米

该壶用大红泥制作，形体饱满，壶身四瓣筋纹，三弯嘴细巧，圈把，菱花边平压盖，圆钮，简洁丰满，制作精雅，摒弃传统的文人墨客在壶上吟诗作画的旧俗，而将当时最先进的珐琅彩绘画工艺篱于紫砂茗壶的表面。

△ **银制提梁茶壶　民国**

高16厘米

△ **花卉纹执壶　民国**

民国时茶壶的器型极为丰富，可分为提梁壶与执壶两大类。执壶是民国时期器型变化最为丰富的壶式，除器腹外，钮、盖、口、颈等也多有变化。钮以宝珠式最为常见，另有花形钮、果形钮、桥形钮、圆柱形钮、方形钮、兽形钮、人形钮等；口有广口、收口、小口、直口等；盖的变化虽不丰富，亦见有笠帽式、伞式、平顶等式。

中国是茶的故乡，也是茶文化的发源地。茶具一词，最早出现于西汉王褒《僮约》中“烹茶尽具”四字，这个“具”是什么样子，名称质地和用途是什么，现代研究中还不清楚。及至晋代，士大夫们嗜酒饮茶，崇尚清谈，促进了民间饮茶之风的兴起。到了唐代，朝野上下无不饮茶。茶还在佛、道宗教的影响下，成为款待客宾和祭祀神佛、祖先、亡灵的必备品。茶具变成了与饮茶风气密不可分的一个组成部分，茶具的直接视觉感受成为品饮茶的先导。陆羽总结前人用茶、煮茶、制茶、饮茶的方法，写出了世界上最早、最完整的茶叶专著——《茶经》，其中就专门讲到了茶具。《茶经》中把采茶、制茶的工具称为“具”，把煮茶、饮茶的工具称为“器”，这和我们现在的称呼不一样。现在所说的茶具，是指煎煮、品饮茶的各式器具。

◁ **舜高双流紫砂壶　现代**

▷ **紫砂天柱壶　现代**

◁**紫砂云龙壶　现代**

高9.1厘米　宽12.4厘米

云龙壶基于鱼化龙壶造型，壶呈紫红色，壶身浮雕为夏日流动的彩云，塑作两条巨龙在云层间翻腾，神态矫健，变幻无穷，其中有一条龙钻出了壶盖，龙头能伸能缩，犹如穿行在云海之中。

◁ **紫砂砥牺尊壶　现代**

高12厘米　宽14厘米

此壶用本山绿泥添加紫泥制作，呈米黄色。流作独角状，嵌盖与壶身切合，置一曲柄作钮，省去壶把，以泥条捏筑的凹块，利于手指拿握，掌心切于壶尾，用压印点戳，产生古穆的肌理效果，力度张扬，表现原始粗犷的雄浑之势。壶身钤“建明陶艺”印款，盖内有“建明”圆形小章。

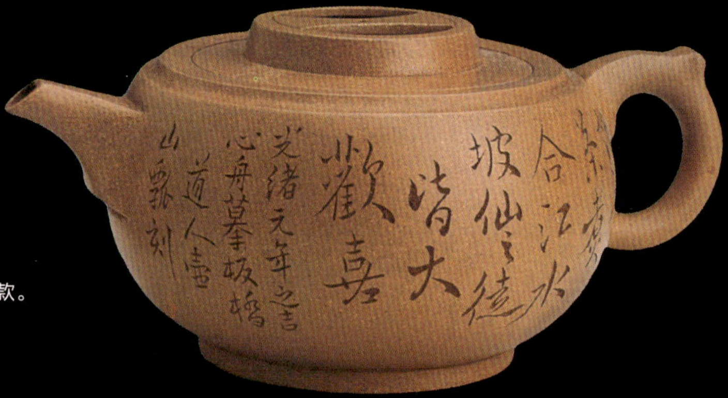

▷ **何心舟紫砂壶　现代**

长15厘米

“浙宁玉成窑造诣”楷书款。

对于茶具，中国古代茶人非常看重，并且给它们取了一些高雅的名称，如：给风炉取别号为苦节君。其他茶具的名称，见之于《考槃余事》。

建城——藏茶的箬笼。

湘筠焙——焙茶的箱子。

云屯——盛泉水的罐。

水曹——洗茶具的桶。

乌府——炭篮子。

鸣泉——煮茶釜。

品司——竹编的篓子，放茶用。

沉垢——放用过的水，盛器。

▷ **紫砂福寿壶　现代**

长19厘米

◁ **《汉韵》　现代**

分盈——水杓。

执权——秤茶的秤，当时规定一两茶，二升水。

合香——茶盒。

归洁——洗壶的刷帚。

商象——古石鼎。

降红——火筷子。

啜香——茶杯。

易持——茶杯托。

国风——扇炉之扇。

撩云——茶勺。

所列名称有27种之多。宋代，对茶具统称“玉川先生”（卢仝号）；《茶具图赞》把12种茶具称为“十二先生”,并取了姓名、字号（日本的《茶寮图赞》也把茶具分列“十八客”,各取了姓名、字、号）。

卢相国——名鼎，字师古，号调和先生。

砂丞相——名涛，字松声，号鼓浪居士。

漆雕秘阁——名承，字易持，号古台老人。

竺秘书——名密，字合香，号湘阴公子。

霍将军——名扫，字兴迹，号清净真隐。

平节度——名则，字公平，号思齐闲人。

△ **紫砂半瓜壶　现代**

长16厘米

△ 松梅争春壶　现代

△ 紫砂诗文壶　现代

二
陶瓷与茶具

茶具，历来是非常讲究的。品茶不仅仅是生理上的饮水解渴，而且已经形成一种文化，为全民族所共有。汉族、蒙古族、藏族、维吾尔族以及西南众多的少数民族，他们在语言、文字、习俗方面不管有多少差异，但在饮茶、品茶、使用茶的讲究上却是一致的。茶和茶具是珠联璧合的文化载体。范仲淹的“黄金碾畔绿尘飞，碧玉瓯中素涛起”、梅尧臣的“小石冷泉留早味，紫泥新品泛春华”、苏东坡的“潞公煎茶学西蜀，定州花瓷琢红玉”等，都是借茶具之美烘托佳茗之精。如果茶叶上乘，茶具粗俗不堪，品饮时就会大煞风景，情趣大减，所以古人诙谐地比喻说“茶瓶用瓦，如乘跛马”。

△ **青釉莲瓣纹盏　南朝**

口径10.9厘米

直口，圆唇，曲壁，圆饼足。通体施青釉，青中泛黄，足露胎，胎呈青灰色。

◁ 三友紫砂壶　现代

△ 人物寿字纹执壶　民国

通高10厘米　口径7厘米　底径6.5厘米

▷ **蕾花紫砂壶　现代**

茶具与陶瓷的发展又有着密切的关系。陶器由土陶—硬陶—釉陶这种从低到高级的发展过程，表明人们对于烧陶火度技术的掌握也由低级发展到高级。釉陶火度再高上去就可以烧成瓷器了。有了这种比陶器细润光亮的瓷，陶茶具也就逐渐为瓷质茶具所代替。从晋代开始，青瓷茶具生产较多，南方是当时青瓷的重要产地；在北方，则出现了白瓷茶具。

▷ **紫砂秤砣方壶　民国**

壶高16.5厘米　口径5.7厘米

▷ **紫砂僧帽壶　现代**

陆羽在《茶经》中品定说："碗，越州上。"越州的茶具，就是指今天浙江余姚、上虞一带越窑的产品。他还把越窑和河北任丘的邢窑进行对比：有人说邢州的窑比越州的窑烧得好，那是不对的。如果说邢州窑瓷器像银子一样明亮，那越州窑瓷器就像玉一样晶莹；如果邢州窑瓷器像雪一样洁白，那越州窑瓷器就像水一样透亮。邢州窑瓷白，茶汤倒在里面呈红色；越州窑瓷青，茶汤在里面是绿色。陆羽还引用晋代杜毓《荈赋》中的诗句"器择陶拣，出自东瓯"来品定茶器当属东瓯瓷为最好。"东瓯"，指的就是浙江温州一带，东瓯瓷的特征是碗沿不向外卷，而碗底又慢慢向上舒卷，盛水约半升，大小适合。越州窑和湖南长沙的岳州窑色泽都是青的，有助于显出茶的本色来。在陆羽看来，盛入茶汤之后呈红、褐、黑色的茶具，就不能算好的茶具了。当时，南方烧瓷技术超过北方，岳州窑的彩瓷、四川大邑窑的白瓷茶碗都很有名。大诗人杜甫曾称赞大邑窑："大邑烧窑轻且坚，如叩哀玉锦城传。君家白碗胜霜雪，急送茅斋也可怜。"

◁ **紫砂云中方壶　现代**

高10厘米　口径4.3厘米

◁ **金钱豹系列紫砂壶　现代**

△ **白瓷金扣杯托　唐晚期**

杯高4.2厘米　口径8.2厘米　托高4.2厘米　口径16.6厘米　托座高1.7厘米　口径5.6厘米

杯直口，圆唇外侈，直弧圆腹，矮圈足。托盘圆唇，唇往里卷，浅腹，高圈足。托盘中有一高出盘面的托座，座面略凹，呈圆柱体。高圈足外撇，外底刻“新官”款，款识边有一小圆孔。

◁ **天青釉盏托　宋代**

托口径16.8厘米

敛口，托盘边沿宽大，呈六瓣葵花形边，高圈足外撇，釉色厚重、润泽，呈天青色，且光泽似玉，通体开细碎冰裂纹。

▷ **青釉飞鸟碗托　东晋**

通高4.3厘米　托盘口径15厘米

碗口径9.8厘米　底径12.8厘米

通体施青釉，盘底露胎。托盘平坦，直口圆唇，弧壁平底。盘内置一弦纹碗，碗底中央堆塑一展翅欲飞的鸟，显示出静中有动，给素静的碗托增添了艺术情趣。

△ **青釉鸡首壶（一对）　晋代**

高11厘米

鸡首壶，又名鸡头壶、天鸡壶，晋时也称罂，流行于晋至唐代初年。它的造型一般为盘口、细颈、鼓腹、平底，肩部有鸡头状的流。唐以后逐渐消失，其功能可能被执壶所取代。一般将鸡首壶归入茶酒器。

◁ **越窑青瓷托、盏　五代**

此套托、盏，做工精美，高贵典雅，端庄清丽，庄重之中有着透美之感，可以看出越窑发展至五代时其窑瓷工艺杰出的成就。从造型特点来看，仍有着大唐遗风的延续。从这件茶具造型和青釉色泽特征看，都是越窑青瓷上品。

▷ **宜兴紫砂描金诗文壶　清代**

高10厘米

△ **青釉鸡首壶　东晋**

出土于广东省高要县披云楼一号墓，此壶为广东晋代青瓷的精品，壶盘口,鸡头状短流,圆形腹,平底，釉色匀净滋润，胎与釉结合紧密，青中闪黄，玻璃质感强，有细小纹片，造型精美，釉色莹润。

▷ **紫砂东陵瓜壶　清代**

高10.5厘米　口径3.3厘米

此壶砂质湿润，团山泥胎，色近橘红。构思巧妙，制品新颖。以瓜形为壶身，瓜蒂为壶盖，瓜蔓为壶把，瓜叶盘旋为壶嘴，壶面上所刻铭文："仿得东陵式，盛来雪乳香。"并钤"陈鸣远"阳文篆书方印。

◁ **仿宜兴贴花紫砂壶　清代**

高15.5厘米　宽7.1厘米

此壶有一种高爽感，洋气十足。壶呈铁栗色，流口金亮黄色，形成鲜明对比。其壶流分三级，靠近壶腹处是兽头状，口中又吐出一半身小兽首，小兽首上包金片，兽口又衔一壶嘴。

茶具，按狭义的范围，主要指茶杯、茶碗、茶壶、茶盏、茶碟、托盘等饮茶用具。芳香的茶叶配上质优、雅致的茶具，更能衬托茶汤的色泽，保持浓郁的茶香。

由于茶的不同，各个地区的茶具在同一时代中也不尽相同。在宋代就有了茶盏，而且是斗茶品评的重要茶具。当时，烧瓷技术又有了很大的提高，全国形成了官、哥、汝、定、钧五大名窑。

◁ **月白釉绿彩条纹花口盏托　唐代**

高3.7厘米　口径13.8厘米

底径5.8厘米

▷ **建窑黑釉“曜变”茶碗　宋代**

高6.8厘米　口径12厘米

底径3.8厘米

曜变盏是建窑黑釉茶器中极为珍贵的品种。此盏名为日人之称，并不见于国内古籍。曜变盏外形尤为端庄，盏内外壁黑釉上散布浓淡不一、大小不等的琉璃色斑点，光照之下，釉斑会折射出晕状光斑，似真似幻，令人生惊艳之叹。

▷ **玻璃莲花盏、托　元代**

盏高4.8厘米　口径8.6厘米　托高1厘米

口径12.5厘米

出土于甘肃省漳县汪世显家族墓葬第二十号墓中，甘肃省博物馆藏。元代，传统陈设品和仿古玻璃器的数量开始增多，为明清陈设实用玻璃器的发展奠定了基础。此件盏托，盏与托各一件，其中盏由普蓝色玻璃制成半透明，口、腹部为七瓣莲花式，底为假圆足，底心微内凹，以尖锐的莲瓣尖组成口；托的内圈为八边形，斜内凹，口沿稍扬起，做八瓣莲花状，瓣尖亦尖锐，平底，颜色比盏略浅。此套盏、托以模铸法成型，但其体内均有大量的气泡；尖锐的瓣尖成为其造型上区别于后代的一大特点。其器型较大，制作精巧，色彩艳丽，不愧为元代玻璃器皿中的稀世珍品。

◁ **紫砂加彩婴戏壶　民国**

高13厘米

“大清乾隆年制”款。

▷ **紫砂二龙戏珠方壶　民国**

高10厘米

“民国十八”款。

△ **紫砂彩绘壶**
长6.5厘米

元代，青花瓷茶具声名鹊起，因为在白瓷上缀以青色纹饰，既典雅又丰富，所以和茶文化清丽恬静的内涵很一致。青花瓷在烧制技术达到一定高度后，又在艺术造型上不断创新，把流嘴从宋代的肩部移至壶腹部，受到了国内外的推崇。日本茶道开山之祖村田珠光（1423—1502）最喜爱这种青花茶具，后来日本就把它定名为珠光青瓷。

◁ **周桂珍紫砂壶　现代**
高15厘米

▷ **紫砂大圆壶　现代**
长35厘米

△ 紫砂钟形方壶 现代

从元代到明代这一时期中，与瓷茶具同时发展的，就是流传至今且兴盛不衰的宜兴陶了。“景瓷宜陶”，并驾齐驱，在烧制、釉色、造型上都有了高度的革新发展。从茶具上说，由于明代把宋以后的“蒸青”进一步改为“炒青”，饮茶方法从煮饮变为泡饮，为宜兴紫砂陶开创了一个前所未有的新纪元。茶具在历史长河中在多样化方面不断增强其艺术性，具有很高的审美价值。在品茶的过程中，欣赏各式的茶具就成为一项自然衍生的程序，一种愉悦的审美过程。

◁ 包金乳峰紫砂壶　现代

▷ 井栏紫砂壶　现代

三
饮品与茶具

△ **青釉褐彩诗句瓷壶　唐代**

高19厘米　口径9.5厘米　底径9.5厘米

此器腹部有褐彩书写的五言诗“去去关山远，行行湖池深。早知今日苦，多与画师金”。

茶具和饮茶方式关系最为密切。唐代用的是茶饼，饮用前要炙烤、碾粉、过筛。煎煮的时候，有的还加有姜、葱、盐等佐料，煎成以后的浓度因各人的口味不同，备有一种壶形的注水器，用作浓度不同的冲淡。这种在晋代就有的器皿，因为壶嘴上塑有公鸡的鸡冠，称为“鸡头流子”。把壶嘴称流子，今天的制壶艺人依然是这样称呼。在唐代，“流子”改称为“注子”，关于注子是酒具还是茶具，考古学家一直有争议。直到陕西扶风县法门寺唐代地宫的被发现，才让这一争议有了答案。前所未见的一大批宫廷御用茶具得以重见天日，其中就有沉睡了1 100多年的注子，这有力地证明了注子既可以用于斟茶，也可用于斟酒。

△ **茶瓶　五代**

高9.8厘米　口径4.3厘米

唐、五代的瓷执壶出土不少，但其用途却有两种，可作酒器，也可作茶具。唐太和三年王明哲墓中出土的瓷壶上写有“老导家茶社瓶”等字，长沙铜官窑出土的瓷壶上则有“陈家美春酒”“酒温香浓”“泛花泛蚁”等题识，表明瓷执壶分别可用为酒器和茶具，作茶具者叫茶瓶，作酒器者称酒瓶或酒注子。

▷ **青瓷铁斑纹盖碗　东晋**

青瓷是我国古代著名的瓷器,是在坯体上施以铁元素为呈色剂的釉经高温烧制后呈青色而得名。陆羽《茶经》极为推崇青瓷,“青则益茶”,即青瓷茶具可使茶汤呈绿色(当时茶色偏红)。

◁ 紫砂董永季壶　现代

刚煎煮的茶汤很热，为了使用方便，又出现了一种可托茶碗的托盘。这种托盘能载不少杯樽，故古人取其名为“舟”，近代人叫它“茶船”。这种茶托和清代普遍使用的盛茶盅的茶盏托又是不同的。

△ 秀棠壶　现代

壶高11厘米　口径6.4厘米

▷ 紫砂五爪龙壶　现代

▷ 紫砂集思壶　现代

◁ 兰石逸香紫砂壶　现代

▷ 紫砂报春壶　近代

高11厘米

“朱可心”款。

茶盏、茶盏盖和茶托三位一体，亦即现在所说的盖碗茶。如今的四川人就特别喜欢喝盖碗茶。它有四大好处，一是盅小于碗，上大下小，注水方便，还能让茶叶沉积于底，添水时茶叶翻滚，易于泡出茶汁；二是上有隆起的茶盖，盖沿小于盅口，不易滑跌，易凝聚茶香，还可以用来遮挡茶，饮茶时不使茶沫沾唇；三是有了茶托，不会烫手，也防止从茶盅溢出的水打湿衣服，特别在礼节上，端起上有茶盏的茶托送至客人面前，具有一种“端茶敬客”的礼仪；四是保温性好。

△ **“云居寺”铭紫砂钵　民国**
高13厘米

△ **古井移木紫砂壶　现代**

△ **紫砂咏梅壶　现代**

高13.8厘米　宽18.8厘米

此壶以黄团泥制作，以手捏团泥的方法成型，梅桩段以壶身，塑虬枝为壶嘴与壶把、面浮雕身被羽氅的老年陆游策仗立像，颦眉深思，垂目望梅，旁有一僮袖手在风中伫陪。壶身另面镌刻陆游以梅为喻，乱世明志的绝唱“雪落成泥碾作尘，只有香如故”。盖内钤“家声陶艺”异形章，底钤“邵家声”葫芦形章，盖面钤“邵”字小章。

△ **紫砂组合茶具　现代**

高13.5厘米　口径8.1厘米

这套组合茶具，整体为上下两段的组合结构，上段为壶身，长嘴，扁平圈把，直身，平肩，嵌盖，柱钮，形制在统一中求变化；下段为四面洞开，恰好容纳四个茶杯，集壶、杯于一体，匠心独运。茶杯藏于壶腹之中，不露痕迹，足见制作功力，令人叫绝。壶上镌刻铭文："紫泥新品泛春华，道洪新作，一粟书。"

△ **紫砂荷叶青蛙如意壶　清代**

此壶采用红泥制作，色泽艳丽，壶身为如意形，用木板拓印松竹梅枝图案，而后镶接成型。盖为荷叶，钮作花，压盖嵌入，把塑成荷梗，流似青蛙，形制十分奇特。松竹梅图案，意喻"岁寒三友"之清高；荷花是"出污泥而不染"之物。

△ **象牙雕开光山水纹盖壶　清代**

高25.5厘米

从汉至唐宋，随着制茶和饮茶风习的发展，从茶饼碾碎煎煮加佐料到不加佐料，及至元末改用了散煎煮，明代则直接用开水泡饮，茶具也随之从庞杂而变为精简，从而使茶盏、茶杯、茶壶这些专为品茶而用的器皿逐渐定型。此后，人们从茶具的质量和性能上也开始进一步予以专门研究，这和许多学科一样，分类越细，钻研越深。

△ **紫砂加彩六方壶　清中期**

宽25厘米

在唐代中期至明代中期的800多年间，随着制茶、饮茶的变化，茶具的变化出现了民间与宫廷之间的差异。陆羽作为一个平民，他虽然写了世界上第一部茶文化的论著《茶经》，可是由于时代和个人经历的限制，他所论述的茶之具、茶之器也有一定的局限性。唐代是中华民族封建社会的鼎盛时期，为“王公上下无不饮茶”风气的形成奠定了一定的基础。安史之乱中，陆羽流寓浙江、江苏、江西等地，尤其在湖州定居达26年，所写的茶之源及茶之事，不免都以江浙一带的为主。他在唐大历五年（770）推荐湖州长兴的“顾渚茶”为贡茶，在此之前的广德年间（763—765），他把宜兴的“阳羡茶”推为贡茶。当时全国列为贡茶的有17种，分布在今鄂、川、陕、苏、浙、赣、闽、皖、湘、豫等省，当时陆羽是不可能一一考察到的，更不可能对唐代宫廷茶事加以记载。因此，茶之器就需要加以补述，这方面，法门寺地宫出土实物给我们提供了大量佐证。

◁ **瘿木包锡红木提梁壶　清代**

高29厘米

△ **白玉壶　清中期**

高12厘米

该器白玉温润晶莹，局部有黄色斑，壶盖为半球状，上有三层棱瓣形钮，流较长，壶柄由双夔龙相并而成，圆形圈足。此器雕琢精美，抛光好，光泽强，是清中期少见的玉器皿。

△ **画珐琅执壶　清代**

通高23.9厘米　口径4.4 厘米　足径7.1厘米

故宫博物院藏。壶为铜胎镀金。圆形，细长颈，长流高柄，圈足外撇。通体为黄釉地，颈部饰彩花四朵，间缀勾莲纹。肩部饰蓝釉垂云纹一周，腹部饰牡丹纹和花朵。

△ **锡壶　清代**
分别高18厘米和12厘米

另外，在茶具变化方面，茶具的质地也日益丰富，除陶瓷外，茶具的质地有金、银、玉、铜、锡、漆器、水晶、玛瑙、竹制品及玻璃等。这些质地的茶具并没有起到什么大的作用，还被许多人所摒弃。如明代的张谦德就把金、银茶具列为次等，把铜、锡茶具列为下等。《红楼梦》里妙玉以“绿玉斗”茶碗沏茶招待宝玉，那摆的是自己的“身份”而不是饮茶该当用玉器。曾有本小说写了曹雪芹和他表兄喝茶时的茶具：一个雪花蓝高颈瓷壶，打开壶盖，里面有个瓷球，瓷球里可以放进茶叶。泡茶之前先将开水冲入壶中将壶烫热，然后将水倒尽，放入瓷球，再将开水徐徐冲下，旋紧瓶盖闷好。每人面前放一套成化窑的蓝花盖碗，花色淡雅，款式各异。盖碗下边有茶托，是一朵雕花描红的盛开莲花，盖碗就放在花心中间的圆圈上。莲花下又有一个一寸多高的倒喇叭形圆座……从这段描写中，我们可以了解到晚清的茶具制作已是非常讲究和华贵了。

◁ **剔犀黑漆如意纹托盏　明代**
宽15厘米

△ **水晶凤首壶　清代**

高9.6厘米

△ **紫砂太白醉酒壶　现代**

第二章

茶具选择与使用

△ **紫砂六方壶　明代**

高11厘米　口径5.7厘米

此壶泥色呈赭红，红如胭脂。壶身呈六棱柱形，壶腹流均为五棱，口盖钮圆形，盖为圆形，小圆钮，钮上有对合的半弧纹。

一 茶具的选择

茶壶有很多种，陶的、瓷的、金的、铁的、铜的、锡的……这里我们主要针对“宜兴紫砂壶”的特点加以阐述。一般说来，宜兴紫砂壶的选择标准可从下述的四个方面来考虑。

△ **紫砂抛光独钮壶　明代**

此壶系明末清初时期制品，表面抛光以及螭形提梁，在以往的名人作品中很少见到，这对研究中国工艺品表面加工历史有很大价值。

1 实用第一

茶壶的天职就是要能拿来泡茶，这当然是毋庸置疑的，换言之，选择茶壶时便不应违背“实用”的基本原则。一把实用的贴心好壶至少应具备下列几点。

（1）容量大小需合己用

茶壶容量大小差距很大，大者容水数升，小者仅纳一杯之量。同样，有的人交友广泛，天天高朋满座，一周泡掉三斤茶，此时如果选用朱泥小壶来泡，那光是来回倾茶注水便够他手忙脚乱了。反之，若三两好友促膝品茗，偏偏选用容水近升的大汉方壶，那岂不是要强迫人人都要海饮一番。

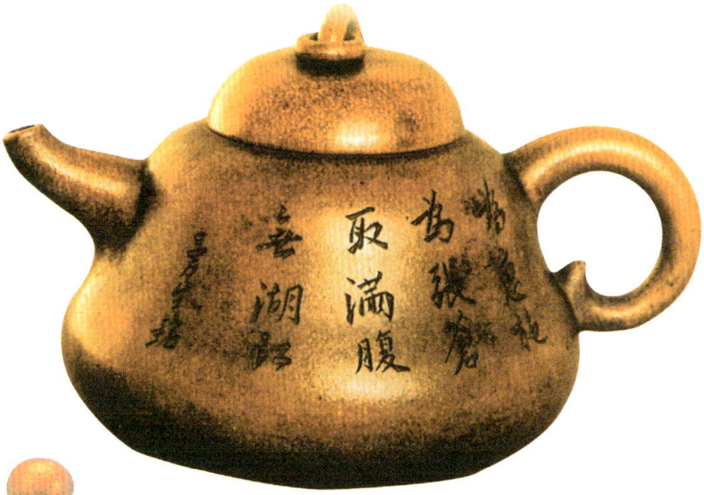

▷ 曼生套环钮壶　清代

◁ 思亭壶　清代

高9.3厘米　宽12.3厘米

壶身如葫瓢，弯嘴自腹向上胥出，圈把秀丽，高虚盖与壶口相切，既完整又完美。

（2）口盖设计合理

茶叶进出方便，我们爱喝的乌龙茶系，在冲泡前呈干燥紧缩状态，此时入壶中并不太难，但经热水冲泡数巡之后，叶片逐一伸展膨胀开来，会将整个壶塞满（尤其置茶量过多时），此时如果壶口太小或设计不当时，就得费一番工夫才能将茶渣掏出。若一时疏忽，未清除干净，则容易在壶身内壁形成茶垢，甚至发霉，这就有碍健康了。

（3）重心要稳

端拿要顺手，有些茶壶端拿时感觉十分沉重，这如果不是壶把设计不当，不符合人体力学，便是壶壁过厚（用土太多）。新手买壶时，不妨先在壶内盛装四分之三的水，单手提起，临摹倒水姿势。此举，一则试其量感是否过重，二则可趁此感觉执壶间，手指与壶把的施力位置是否舒适。端拿是否顺手相当重要，否则不但累了自己，更容易发生失手破壶的惨剧。况且，勉力为之，不免手上青筋暴露，脸上龇牙咧嘴，让客人未尝其甘，先见己苦，有失大雅。

（4）出水要顺畅，断水要干净

此点是大部分茶壶不易顾及的。好壶出水刚劲有力，弧线流畅，水束圆润不打麻花。断水时，即倾即止，简洁利落，不流口水，并且倾壶之后，壶内不留残水。

△ **紫砂壶　现代**

△ 兽钮紫砂提梁壶　近代

2 工艺技巧

紫砂壶艺以其高度精巧的工艺性著称于世，几乎所有好的砂壶都是手工成型的，即使是为求其产量与规格化而采用的挡坯成型法，其手工修整的工序仍相当烦琐，所以工艺水平的高低自是评断紫砂壶好坏的重要条件。紫砂壶的工艺要求，基本上有下述几项。

嘴、钮、把，三点成一线，这是诸多藏家所特意注重的，尤其是水平壶、西施壶等基本壶式更是如此，它看似简单，实则不然，甚至包含名家壶在内，仍有许许多多的砂壶嘴歪把斜。另外，上把与下把不在同一垂直线上的亦相当常见。当然，这样的砂壶一样能泡能用，只是我们讲究的是“大中至正”“允执厥中”，所以除非是特意设计的砂壶，不然仍应慎重审视为宜。

△ **紫砂桃杯　明末清初**

壶高7厘米　口径10.5厘米

紫砂桃杯在造型上接受了前代琢玉、金工、髹漆工艺匠师的图式：以连着枝叶而切开的半桃作杯，杯口如桃形，桃嘴作流；口沿及内外壁光洁明润；杯身半桃丰硕肥大；粗老盘曲中空的桃枝干略高于杯口，成为供人把持的杯把；枝叶上的大小桃叶参差扶疏，紧贴杯壁，有飘逸感；长在枝端的两三个小桃，新鲜嫩活，为老树增添了盎然生气；稍稍伸出杯底的枝干，末端和小桃鼎足而立，成为茶杯的三个支点，妙趣天成。构思夸张又不失生活依据，制作技巧精湛、形象完美、结构纤密，可谓砂器瑰宝。

△ **紫砂金猴鲜桃壶　现代**

△ **紫砂枇杷树桩壶　现代**

高7.8厘米　宽14.6厘米

此壶是以枇杷树桩为壶身，端庄稳健，一枝三弯作壶嘴，一枝攀于壶体，卷曲舒展，叶大肥硕，强劲厚实。壶身两颗枇杷，壶底钤“蒋艺华制”印款，盖内有“艺华”小章，把梢下有“蒋”字小章。

▽ **紫砂泥绘却月壶　清代**

高10厘米　宽12厘米

盖内有“宝义”篆书长方章，底有“云月山房”印款。把梢下刻：“梅林道人雅玩。”

口盖要严紧密合，圆壶要能旋转滑顺无碍，方壶要求面面接缝平直不变形，筋纹器更要达到面面俱到的“通转”地步。除了以上的目视、手试外，我们尚可在壶身盛水后，举壶作注水状，以食指压紧气孔，若能达到即压即停且滴水不漏，就表示壶盖与壶身的密合度甚高，与外界空气接触极少。部分技术特佳的陶手还能达到将壶嘴塞住时，手捏壶钮可将全壶擎起的境地。

▽ **紫砂水仙花瓣壶　清代**

高13厘米　口径5.9厘米

△ **紫砂六如壶　清代**

高8.5厘米　宽16厘米

此壶壶身一面浮雕《品茗图》，另一面堆雕乾隆御制诗，并署“御制横云馆”五字篆书款。

壶身线面修饰平整、内壁收拾利落，落款明确端正。一般情况下，一件紫砂壶的做工好坏，我们可从外观上审视陶手是否用心将壶身线条、转折、棱线修饰得漂亮规整来作判断。还有，此壶的落款是否大小得宜、位置适中、深浅适度，也是重要参考。此外，最易忽略的是，壶身内壁流嘴的接口、块面的接缝是否遗有泥屑，内壁、内底是否收拾匀当……这些小细节都足以看出制作者的态度是否严谨、审慎。

胎土要求纯正，火度要求适当,有些砂壶乍看之下油光灿烂，未养先亮；有的则是贼光浮动，色相诡异，这些征兆都显示着此壶的土胎不纯或是配土太差。至于紫砂壶的烧结火候是否恰当，则需要有相当的经验累积才能作出正确的判断。一般可用壶盖（请切勿用盖沿，那是全器最脆弱的地方）轻轻敲击壶身（务请注意，莫伤壶表），若呈铿锵含韵之声，代表火度适中，若呈混沌低郁之声，代表火度稍嫌不足；反之，若呈高尖干脆之声，则表明过火，壶身已瓷化。

3 | 切忌冲动

紫砂壶的造型千姿百态，变化多端，但美感的标准则依各人的审美观而有所不同。真正重要的是：无论如何，买壶千万不要仅仅为了作者的名气或别人的强力鼓吹而冲动决定，否则日后极易后悔。因为泡茶赏壶之际是最冷静、最客观的时候，这时手中的紫砂壶势必会受到最严苛的挑剔，这也就是为什么茶壶就像女人的恋衣情结一样，“永远少一把”。

尽管每个人的审美观有所不同，但初入此道的朋友仍可依循下述两点来选择紫砂壶。

几何造型的紫砂壶，该圆的就要圆，该方的就要方，线条当直则直，当曲则曲。千万不要选择口盖歪曲变形、嘴歪把斜者，因为这些都会严重影响全器力度。此外，全器各配件大小需与壶身相衬。

自然造型的砂壶，该写实的就要写实，该写意的就要写意。由于花货的捏塑较多，所以应细心体察全器是否气势连贯，浑然一体而无生硬之感，亦应注意壶身与捏塑的接触点有无微细裂缝，以免日后断裂。

△ **荷叶形紫砂壶　清中期**

直径7厘米

△ **方曾山记紫砂壶　清代**

长18厘米

△ **紫砂桃形杯　明/清**

口径11.1厘米

“陈鸣远”款。

▷ **紫砂镶铜锡龙纹圆壶　清代**

高9.5厘米　阔18.4厘米

此壶胎泥为紫砂外复粉一层装饰朱泥，呈艳丽的朱红色。造型似扁球，腹鼓，三弯流，矮肩。平盖口沿内凹，运用包铜镶锡之工艺精制而成。

◁ **青花文房清供提壶　清代**

通高18.5厘米　口径8.5厘米　底径13厘米

清供一词，根据文意猜测，当是一些表现日常生活情趣的小植物、小玩意。供奉着一些既不大红大紫、也不争奇斗艳的东西，总是能够平息一些与世俗相争的心情，可以说，清供表达的是主人宁静、淡泊的生活态度。

▷ **浅绛彩花鸟提壶　清代**

通高12厘米　口径4.3厘米　底径11厘米

瓷质玉白。用浅绛彩绘文房清供、山石花鸟，画法随意。题书字体较好。

△ **钿合壶　清代**

高6.5厘米　口径5.2厘米

“曼生壶”除十八式以外，传世品中还可见“钿合壶”，底钤“阿曼陀室”印款，壶身铭：“钿合丁宁，改注茶经。笏山。”

4 价格合理

经过前述的一番挑肥捡瘦，最后的一个问题便是“壶价几何”？事实上，近些年来，紫砂壶的涨势一路上扬，屡创新高，流风所及，似乎低价的壶泡出来的茶不堪入喉。尤有甚者，壶价动辄成百上千元，果真应验了古书所载的“人间珠玉安足取，岂如阳羡溪头一丸土”！

总而言之，当我们面对琳琅满目的紫砂壶以及店老板的如簧之舌时，要分清楚“选择一把别人公认的好壶”和“选择一把贴心好壶”之间的差异。因为唯有“适合自己”的才是真正的好壶，若硬是要随波逐流，附庸风雅，可就失去了茶艺怡情养性的那份闲适之美了。

▽ **紫砂雪花提梁壶　清晚期**

△ **紫砂大桑宝壶　现代**

高9.5厘米　宽16厘米

此壶用墨绿泥制作，色泽沉静细润。壶盖上塑一蚕，饱餐后抬头相望，壶面另塑一蚕，饱餐后酣息，一动一静，妙趣横生。

▷ **紫砂龙头八卦一捆竹　现代**

◁ **紫砂听雨壶　现代**

◁ **邵大亨束竹八卦纹紫砂壶　清代**

高8.5厘米

此壶壶身为64根细竹围住，底有4足，每足8根细竹自壶而下。壶盖塑八卦，盖钮塑太极双鱼图，极内有两仪，盖钮间四纹，底面雕刻河洛星象纹，代表太极生两仪，两仪生四象，四象生八卦。后世亦称“易壶”。盖印“大亨”。

▷ **剔红缠枝莲纹高足杯　清乾隆**

高13.3厘米　口径15.3厘米

现藏山东省泰安市博物馆。

二 茶具的使用

1 | 整修内部

通常中档以下的紫砂壶多半会有一些不算瑕疵的小毛病，大多可以自行排除。例如气孔若被泥屑堵塞住，易影响出水的顺畅，可以钢针或尖钻小心将其剔除；又如壶身内壁或流孔接续处若残存泥屑，则易卡住较小的茶叶片，形成藏污纳垢的死角，此处可用小钢锉及砂纸，细加修整磨拭，以免造成日后使用的困扰。

△ **紫砂寿桃壶　清乾隆**

高9厘米

"鸣远"款。

▷ **紫砂窑变壶　清代**

长33厘米

“葛明祥”楷书款。

◁ **青花六角提梁瓷茶壶　清代**

高12.5厘米　腹高8.9厘米

收藏于香港茶具文物馆。从这件壶的“开口”壶嘴，以及岸石、流云的画法看，或是专为外销海外而烧制的。壶身白中闪青，釉面较厚。画出的青花，多用平抹笔法，且蓝中泛灰，显系清初景德镇民窑烧造。

2 | 去蜡醒壶

事前的暖身运动做好了之后，便可举行爱壶的下水典礼了。这道手续的目的有三：其一，新壶在出厂、装运、展示过程中，常会附着一些泥砂、尘土、包装屑，有些茶壶里面仍留存着白色的铝粉（此为隔离用的耐火物，入窑烧坯前先撒于壶盖内沿，可避免壶盖与壶身烧结在一起分不开），以上这些异物均应于事前加以清除；其二，新壶出窑后，未识茶味，火气、土气仍重，若不先行去除，将有碍茶汤的品评；其三，制壶者常会在初出炉的砂壶表面打上一层蜡油，以增加光泽，美化卖相。这层油性异物不但堵塞了壶表的毛细孔，更形成一层保护膜，不受茶水，如未予祛除，则养壶势必徒劳无功！

△ **剔红飞龙高足碗　明中期**

高12.8厘米　口径16.8厘米

现藏北京故宫博物院。碗外髹黑红色漆，腹部雕二螭游戏于缠枝勾莲花丛中，并以盘肠纹分隔二螭纹。碗内及足底髹黑漆，无款。此碗纹饰繁缛，花纹独特，属“云雕”风格。

◁ **鸱吻形玉杯　明代**

通高13.8厘米　长径13.1厘米

白玉。杯作鸱吻形，雕鸱首为底，开虬尾为流口，再后加兽形把而成。鸱吻首作鱼龙形，张口露齿，卷须披发，体扁圆，饰绳索纹、勾连卷云纹、回纹等。

▷ **剔犀云纹执壶　明嘉靖**

通高23.8厘米　腹径19.8厘米

足径9.6厘米

执壶，金属胎，六棱形，垂腹，细长颈，圈足，环柄，高曲流。器表堆漆以红为主，间施两道黑漆；通体椭形雕刻三种不同的云纹，足底黑漆，正中刀刻楷书“大明嘉靖年制”。

▷ **錾云龙纹金盏、金托　明万历**

◁ **嵌宝石龙纹金执壶　明成化**

高19.4厘米　口径4.4厘米　底径5.3厘米

北京永定门外南苑万通墓出土。撇口，束颈，鼓腹，圈足，流、柄附于壶身两侧，盖以链与柄相系。壶盖、壶颈及近底部錾刻蕉叶纹、卷草纹、如意云头纹、莲瓣纹；腹部两侧火焰形开光内刻四爪翼龙两条。盖顶、流、柄上镶嵌红蓝宝石（部分脱落）共27颗。万通为万贵之子、宪宗万贵妃之弟，生于正统己未年（1439），卒于成化壬寅年（1482）。

▷ **剔犀云纹碗　明晚期**

口径21.9厘米

碗为撇口，孤腹，圈足，口沿与足均有内凹弦纹一周。碗通体以黄、褐二色剔出如意纹。云纹排列整齐，剔除圆润，运刀有力，漆色亮泽。碗型周正，为剔犀佳品。

△ **剔红饕餮夔龙纹紫砂胎茶壶 清乾隆**

高10.5厘米 宽17厘米

△ **胡公寿篆刻“铁骨生春”紫砂壶 清代**

高6厘米

第三章

茶具的功能分类

△ **青釉褐彩诗句瓷壶 唐代**
高19厘米 口径9.5厘米 底径9.5厘米

△ **三彩陶茶壶 唐代**
高10厘米

1991年在陕西省长安县南里王村唐墓出土。直口，外侈，广肩，鼓腹，圈足。肩部有突起的弦纹两道。壶身一侧安短而直的六棱壶嘴，另一侧安双条圆环形把。壶口上为覆碗形盖，盖顶为蟠桃桃形钮。壶外施以绿色为主的色釉。

中国地域辽阔，茶类繁多，又因民俗各有差异，饮茶习惯便各有特点，所用器具更是多姿多彩，很难作出一个模式的规定。茶具的分类主要有以下几类。

一 茶具之主茶具

泡茶、饮茶的主要用具。

（1）茶壶

用以泡茶的器具。壶由壶盖、壶身、壶底和圈足四部分组成。壶盖有孔、钮、座、盖等细部。壶身有口、延（唇墙）、嘴、流、腹、肩、把（柄）、鋬等细部。由于壶的把、盖、底、形等细微部分的不同，壶的基本形态就有近200种以上的划分。茶壶的主要类型有：①侧提壶：壶把为耳状，在壶嘴的对面。②提梁壶：壶把在盖上方为虹状者。③飞天壶：壶把在壶身一侧上方为彩带飞舞状。④握把壶：壶把圆直形与壶身成90°状。⑤无把壶：壶把省略，手持壶身头部倒茶。

以盖划分。①压盖：盖平压在壶口之上，壶口不外露。②嵌盖：盖嵌入壶内，盖沿与壶口平。③截盖：盖与壶身浑然一体，只显截缝。

以底划分。①捺底：将壶底心捺成内凹状，不另加足。② 钉足：在壶底加上三颗外突的足。③ 加底：在壶底四周加一圈足。

以有无滤胆划分。① 普通壶：上述的各种茶壶，没有滤胆。② 滤壶：在上述的各种茶壶中，壶口安放一只直桶形的滤胆或滤网，使茶渣与茶汤分开。

以形状划分。① 筋纹形：犹如植物中弧形叶脉状筋纹，在壶的外壁上有凹形的纹线，称之为筋，而筋与筋之间的壁隆起，有圆润感。② 几何形：以几何图形为造型，如正方形、长方形、菱形、球形、椭圆形、圆柱形、梯形等。③ 仿生形：又称自然形，仿各种动、植物造型，如南瓜壶、梅桩壶、松干壶、桃子壶、花瓣形壶等。④ 书画形：在制成的壶上，刻凿出文字诗句或人物、山水、花鸟等。

△ **釉下五彩火凤凰纹壶　唐代**

高23.7厘米　口径10.4厘米

底径11.6厘米

整个画面简洁明快，主题突出。富有动感。火凤凰头向左转，嘴尖朝斜上方，双翅舒展开屏，凤尾朝右侧横甩，右爪独立，左腿弯曲，左爪迈虚步放在右爪左侧，表现出凤凰的高贵气质。整个画面色彩绚丽，凤凰形象逼真传神。

◁ **大理石雕云莲纹盏托　唐代**

直径18厘米

△ **三彩凤首克柄壶　唐代**

高29.5厘米

△ **青釉绿彩盏托　唐代**

高5.2厘米　口径7.6厘米　底径3厘米

盏与托相连，盏敛口，孤壁，深腹，托呈浅盘状，饼足中心内凹，无釉，胎呈浅黄色。通体施浅青色釉，盏内有等距三组绿釉自然流淌形成的纹饰，盏口沿可见点点绿斑纹。

△ **褐彩云山纹盘口双系壶　唐代**

高26.3厘米　口径9.6厘米　底径14.2厘米

△ **系链银火箸　唐代**

长27.6厘米　直径0.25厘米～0.6厘米

据陆羽《茶经》所记，银火箸用于煮茶时夹拨风炉中的木炭。

（2）茶船

放茶壶的垫底茶具。既可增加美观，又可防止茶壶烫伤桌面。茶船有以下几种分类。

①盘状：船沿矮小，整体如盘状，侧平视茶壶形态完全展现出来。②碗状：船沿高耸，侧平视只见茶壶上半部。③夹层状：茶船制成双层，上层有许多排水小孔，使冲泡溢出的水可以流入下层，并有出水口，使夹层中的积聚之水容易倒出。

▽ **莲瓣形银茶托　唐代**

圈足略高，五出托盘口沿稍高于盏口，素面无饰，做工规整。

◁ **白釉盏托　宋代**

高6.5厘米　口径8.6厘米　底径8.2厘米

盏托上呈杯形，直口，圈足外撇，外口饰回纹一周。托盘口沿无釉，镶铜扣，里边饰回纹一周，与杯外口的纹饰相一致。通体施白釉，白中略微泛黄，釉色温润。铜扣的深色金属感与白中微泛黄的白瓷产生强烈的对比，但并不过分，恰到好处，视觉效果极佳。

△ **粉青釉刻花盏托　宋代**

高4.8厘米　托座口径5.8厘米　盘口径18厘米　底径12.5厘米

托盘折平沿，浅腹，宽圈足。托座呈圆凸形，座边四周刻满莲花瓣纹，形似倒扣盘中的莲花形浅杯，造型较为别致。盏托通体施满粉青釉，釉面布满细小片纹，圈底足露胎，胎呈香灰色。

▷ **铜荷花瓣托盏　宋代**

通高5厘米　托径12.3厘米

◁ **定窑柿釉盏托　北宋**

托径11.4厘米

▷ **青花松竹梅三友纹盘　明宣德**

口径32厘米

（3）茶盅

茶盅亦称茶海。盛放泡好的茶汤之分茶器具。因有均匀茶汤浓度的功能，因此也称公平杯。壶盅有以下几种类型：①壶形盅：以茶壶代替用之。②无把盅：将壶把省略为无把壶,常将壶口向外延拉成一翻边，以代替把手提着倒水。③筒式盅：无盖，从盅身拉出一个简单的倒水口，有把或无。

△ **青花花卉执壶　清乾隆**

高25.5厘米

▷ **青花人物提壶　清代**

通高12厘米

△ **锡嵌铜提梁壶　清嘉庆**

高 31.5厘米

△ **彩绘人物提壶　清光绪**

通高13厘米　口径6厘米

（4）小茶杯

盛放泡好的茶汤并饮用的器具。主要有以下几种类型：①翻口杯：杯口向外翻出似喇叭状。②敞口杯：杯口大于杯底，也称盏形杯。③直口杯：杯口与杯底同大，也称桶形杯。④收口杯：杯口小于杯底，也称鼓形杯。⑤把杯：附加把手的茶杯。⑥盖杯：附加盖子的茶杯，有把或无把。

（5）闻香杯

盛放泡好的茶汤，倒入品茗杯后，闻嗅留在杯底余香之器具。

（6）杯托

放置茶杯的垫底器具。主要有以下几种形式：①盘形：托沿矮小呈盘状。②碗形：托沿高耸，茶杯下部被托包围。③高脚形：杯托下有一圆柱脚。④圈形：杯托中心留一空洞，洞沿上下有竖边，上固定杯底，下为托足。

△ **黄地粉彩开光式庭院高士赏茶图御题壶　清乾隆**

高17.3厘米

▷ **浅绛彩绘人物提壶 清光绪**

通高9厘米 口径5厘米 底径7厘米

◁ **红彩太狮、少狮纹提壶 清代**

通高11厘米 口径5.5厘米

底径8.5厘米

▷ **镶宝石玉碗 清代**

高6.2厘米 口径12厘米 足径4.7厘米

青色。敞口，弧腹，圈足。腹外壁用金丝和红绿宝石镶嵌宝相花四朵，内壁镶嵌石榴，内底用红宝石镶嵌成珍珠地。

（7）盖置

放置壶盖、盅盖、杯盖的器物，既保持盖子清洁，又避免沾湿桌面。主要有以下两种：①托垫式：形似盘式杯托。②支撑式：圆柱状物，从盖子中心点支撑住盖；或筒状物，从盖子四周支撑。

（8）茶碗

泡茶器具，或盛放茶汤作饮用器具。主要有以下两种。

①圆底：碗底呈圆形。②尖底：碗底呈圆锥形，常称为茶盏。

△ **粉彩三多纹杯　清雍正**

口径8.8厘米

△ **铜胎画珐琅方壶　清代**

通高8.8厘米　腹长14.5厘米　宽7.4厘米

◁ **亭园人物纹执壶　民国**

通高12.2厘米　口径6.2厘米

底径6.5厘米

▷ **万寿无疆茶杯　民国**

△ **粉彩鸡缸杯（一对）　清乾隆**

高5.5厘米

△ **鼓形紫砂壶　现代**

（9）盖碗

由盖、碗、托三部件组成，泡饮合用器具或可单用。

（10）大茶杯

泡饮合用器具。多为长桶形，有把或无把，有盖或无盖。

（11）同心杯

大茶杯中有一只滤胆，将茶渣分离出来。

（12）冲泡盅

用以冲泡茶叶的杯状物，盅口留一缺口为出水口，或杯盖连接一滤网，中轴可以上下提压如活塞状，既可使冲泡的茶汤均匀，又可以使渣与茶汤分开。

二 茶具之辅助用具

△ **栾书缶 春秋晚期**

高40.5厘米 口径16.5厘米

泡茶、饮茶时所需的各种器具，以增加美感，方便操作。

桌布：铺在桌面并向四周下垂的饰物，一般可用各种纤维织物制成。

泡茶巾：铺于个人泡茶席上的织物或覆盖于洁具、干燥后的壶杯等茶具上。常用棉、丝织物制成。

茶盘：摆置茶具，用以泡茶的基底。用竹、木、金属、陶瓷、石等制成，有规则形、自然形、排水形等。

△ **岳州窑青釉碗 唐代**

此碗胎壁较薄，釉色明亮，采用支钉烧法制成。底足有釉，器物精致，注重釉色，不带装饰。

△ **褐绿彩飞鸟展翅纹盘　唐代**
高3.8厘米　口径19.5厘米　底径11厘米

△ **青釉褐彩大写意纹茶盏　唐代**
高4.3厘米　口径15厘米　底径5.6厘米

茶巾：用以擦洗、抹拭茶具的棉织物；或用作抹干泡茶、分茶时溅出的水滴；也可托垫壶底及吸干壶底、杯底之残水。

茶巾盘：放置茶巾的用具。竹、木、金属、陶瓷等均可制作。

奉茶盘：用以盛放茶杯、茶碗、茶具、茶食等，以之恭敬端送给品茶者，显得洁净而高雅。

茶匙：从储茶器中取干茶之工具，或在饮用添加茶叶时作搅拌用，常与茶荷搭配使用。

茶荷：古时称茶则，是控制置茶量的器皿，用竹、木、陶、瓷、锡等制成。同时可作观看干茶样和置茶分样用。

茶针：由壶嘴伸入流中防止茶叶阻塞，使出水流畅的工具，以竹木制成。

茶箸：泡头一道茶时，刮去壶口泡沫之具，形同筷子，也用于夹出茶渣，在配合泡茶时亦可用于搅拌茶汤。

渣匙：从泡茶器具中取出茶渣的用具，常与茶针相连，即一端为茶针，另一端为渣匙，用竹、木制成。

△ **金银丝编结提笼　唐代**

通高15厘米

笼子为供烘团茶使用，为金银丝编结而成，通体剔透，笼盖呈四曲，中有金丝编成的一朵塔形花，四周以金丝云气纹压边。提梁亦为金丝编制，子母口和底边缘为素面银条焊接而成，笼盖与提梁用银丝编结的链子连接，笼体中空，上下边缘均有用金银丝编结的连珠图案，四足中部为天龙铺首，足底剪条弯曲成兽爪。

箸匙筒：插放箸、匙、茶针等用的有底筒状物。

茶拂：用以刷除茶荷上所沾茶末之具。

计时器：用以计算泡茶时间的工具，有定时钟和电子秒表，以可计秒的为佳。

茶食盘：置放茶食的用具，用瓷、竹、金属等制成。

茶叉：取食茶食用具，金属、竹、木制。

餐巾纸：垫取茶食、擦手、抹拭杯沿用。

消毒柜：用以烘干茶具和消毒灭菌。

△ **天蓝釉盏托　宋代**

高5.6厘米　口径5.9厘米　底径4厘米

盏与托盘连为一体。盏口微敛，孤壁，瘦底。托盘、圈足中空。除足底露胎，余皆施满天蓝色釉，釉层匀净，制作精巧，应为当时理想的茶具。盏口边及托盘边釉薄处均呈酱黄色。

△ **耀州窑青釉六出花瓣瓷碗　宋代**

高5.5厘米　口径11.9厘米

坯体灰白而坚致，碗口作成“六出”花瓣形，外侈且微微翻起。沿着花口，碗内有六条凸起的出筋，与其相对应的碗身表面则是一条条凹下的直线。碗底圈足较高且露胎。内外施青绿色釉，釉面明润匀净，六道凹线内，因积釉较多而泛黑。

△ **耀州窑青釉刻花瓷瓶　宋代**

通高25.4厘米

刻花在宋代得到较为完善的发展,各窑的刻花略有不同,其中最为兴盛的是北方的耀州窑。

△ **耀州窑黑釉瓷汤瓶　宋代**

高18.1厘米　口径5厘米

△ **青白釉盏托　北宋**

通高6.6厘米　盏口径10.7厘米　托底径8厘米

盏花口，弧壁，喇叭足。托为宽边花口浅盘状，盘内置似倒扣一小碟，小碟底为托座，正好置放茶盏。此组盏托设计新颖，为北宋以来出现的新造型。

三 茶具之备水器具

△ **粉彩香莲把壶　清乾隆**

高16.4厘米

备水器具主要有：

净水器：安装在取水管道口用于纯净水质，应按泡茶用水量和水质要求选择相应的净水器，可配备一只至数只。

储水缸：利用天然水源或无净水设备时储放泡茶用水，起澄清和挥发氯气作用。应特别注意保持清洁。

煮水器：由烧水壶和热源两部分组成，热源可用电炉、酒精炉、炭炉等。

保温瓶：储放开水用。一般用居家使用的热水瓶即可，如去野外郊游或举行茶会时，需配备旅行热水瓶，以不锈钢双层胆者为佳。

△ **斗彩鸡缸杯（一对）　清雍正**

口径8.2厘米

△ **黄地粉彩开光佛日常明纹碗（一对）　清道光**

口径16厘米

碗形周正，工艺精细。碗内壁白釉滋润，外壁娇黄地上绘粉彩宝相花纹，四周圆形开光内分书“佛日常明”四字，整体色彩艳丽，保存状态完好，为道光时期粉器中之精品。

△ **松石绿地粉彩双喜莲纹茶壶　清道光**

高17.5厘米

水方：置于泡茶席上储放清洁的泡茶用水的器皿。

水注：将水注入煮水器内加热，或将开水注入壶（杯）中温器、调节冲泡水温的用具。形状近似壶，口较一般壶小，而流特别细长。

水盂：盛放弃水、茶渣等物的器皿，亦称“滓盂”。

△ **茶叶罐　民国**

高25厘米

◁ **茶碗 民国**

△ **紫砂一捆竹壶 民国**

高10.5厘米

“金鼎”商标。

△ **斗彩团花罐（一对）　清乾隆**
高12.4厘米

四 茶具之备茶器具

茶样罐：泡茶时用于盛放茶样的容器，体积较小，装干茶30克～50克即可。

储茶罐（瓶）：储藏茶叶用，可储茶250克～500克。为密封起见，应用双层盖或防潮盖，金属或瓷质均可。

茶瓮（箱）：涂釉陶瓷容器，小口鼓腹，储茶防潮用具，也可用马口铁制成双层箱，下层放干燥剂（通常用生石灰），上层用于储茶，双层间以带孔搁板隔开。

△ **斗彩竹节茶叶罐　清代**

△ **茶叶罐　民国**

五
茶具之盛运器具

提柜：用以放置泡茶用具及茶样罐的木柜，门为抽屉式，内分格或安放小抽屉。可携带外出泡茶用。

篮：竹编的有盖提篮，放置泡茶用具及茶样罐等，可携带外出泡茶。

提袋：携带泡茶用具及茶样罐、泡茶巾、坐垫等物的多用袋，用人造革、帆布等制成的背带式袋子。

包壶巾：用以保护壶、盅、杯等的包装布，以厚实而柔软的织物制成，四角缝有雌雄搭扣。

杯套：用柔软的织物制成，套于杯外。

六
泡茶席

茶车：可以移动的泡茶桌子，不泡茶时可将两侧台面放下，搁架向外关闭，桌身即成一柜，柜内分格，放置必备泡茶器具及用品。

茶桌：用于泡茶的桌子。长约150厘米，宽约60厘米～80厘米。

茶席：用以泡茶的席面。

茶凳：泡茶时的坐凳，高低应与茶车或茶桌相配。

坐垫：在炕桌上或地上泡茶时，用于坐、跪的柔软垫物。大小为60厘米×60厘米的方形物，或60厘米×45厘米的长方形物，为方便携带，可制成折叠式。

第四章

茶具的质地分类

翻开中华民族的饮茶历史，古代曾出现过许多茶具，贵的如金、银、玉制成的茶具，廉的如竹、木、石制作的茶具，品种繁多，丰富多彩。在这众多的茶具中，如果将其归纳成类，一般有金属茶具、瓷器茶具、紫砂陶茶具、竹木茶具、琉璃茶具、脱胎漆茶具等几个大的类别。此外，还有零星的一些茶具品种，因其数量或使用较少不成为类。现将古代流行广、应用多，又在茶具发展史上占有重要地位的茶具，分类介绍如下。

▷ **䁀父匜　春秋早期**

匜口宽14.5厘米　盘高12厘米

径35.6厘米

春秋时期，楚人发动的兼并战争，主要在楚武王至楚文王主玫期间以及楚庄王时期。前期扫荡了汉水东边一带的小国，打通了由江汉平原北进中原的通道；后期沿江淮流域向东扩张，获得了与北方齐、晋、秦等国争霸的条件。这套盘匜上的铭文表明，此器可能是息国的铜器（息国是位于楚国东北的姬姓国家）。

◁ **鸭形尊　春秋早期**

高22厘米　口径18.3厘米

1982年江苏省丹徒大港母子墩出土，镇江博物馆藏。器身各部分比例匀称，利用其颈、背间的自然空间铸出一喇叭形侈口，直颈，以鸭子之腹为腹，以鸭子之足与臀部的一螺旋形柱构成全器的三足。

一 金属茶具

金属用具是指由金、银、铜、铁、锡等金属物质制作而成的器具。它是我国最古老的日用器具之一，早在公元前18世纪至公元前221年秦始皇统一中国之前的1500年间，青铜器就已得到广泛的应用，先人们用青铜制作盘、匜盛水，制作爵、尊盛酒，这些青铜器皿自然也可用来盛茶。曹雪芹在《红楼梦》中，写到妙玉待客使用众多的古玩茶具，其中有“绿玉斗”“瓟瓟斝”“点犀𥁋”等，其实，斗、斝、𥁋最早都是商周时代的青铜酒具。

◁ **环带纹铜盉　春秋早期**
高20.5厘米

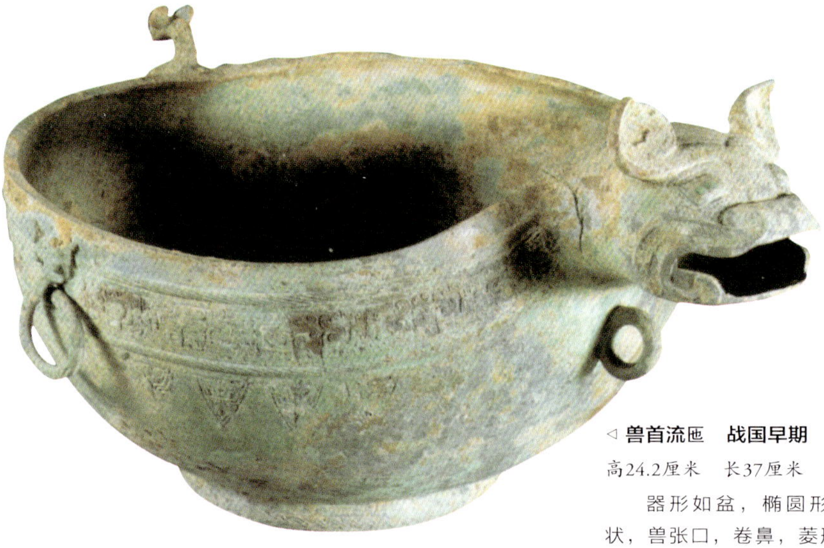

◁ **兽首流匜　战国早期**

高24.2厘米　长37厘米

器形如盆，椭圆形口，流作兽首状，兽张口，卷鼻，菱形双睛内嵌绿松石，叶形立耳，兽首造型生动。流下腹部有一环。腹部饰有两周凸绳纹，其间饰变形龙纹，腹下部为蟠龙三角纹，圈足沿上饰有络纹。

△ **鎏金宝相花纹银盖碗　唐代**

通高11.7厘米　口径21.7厘米　底径12.2厘米

1970年陕西西安南郊何家村窖藏出土，现藏陕西省博物馆。银质，鎏金，有盖，深腹，圈足，盖似覆扣的侈口盖，大于碗口一周。画顶中心部位饰一簇圆形宝相花，外饰等距离六簇宝相花。

这些青铜器，既可作为酒具，也可用来盛茶，甚至作其他饮具，在很长一段时间内，它们相互之间是通用的，并且这种习惯被一直沿袭下来。自秦汉至六朝，茶叶作为饮料已渐成风尚，茶具也逐渐从与其他饮具共用中分离出来。大约到南北朝时，我国出现了包括饮茶器皿在内的金银器具。到隋唐时，金银器具的制作达到高峰。

△ **鎏金折枝花银盖碗　唐代**

△ **花鸟纹金花银碗　唐代**

高4.3厘米　口径15.5厘米

此银碗为葵瓣形口，平腹圈足，内壁及底部錾花鎏金，其底部为二鸟展翅于花丛中，外围弦纹、绳纹和花瓣纹。内壁饰有两两相对的璜形图案，錾有花叶。

△ **鎏金鸿雁金钱纹银笼子　唐代**

通高17.8厘米　径16.1厘米

银笼为供烘团茶使用。圆形，上有半球形盖。通体镂空呈金钱纹，上再饰鸿雁、莲瓣、围花纹样。笼盖模冲上下两层飞雁，上圈5只引颈展翅，下层10只双双结伴翱翔。口沿饰一周莲瓣纹和围花纹。笼体外壁从上至下錾饰三层鸿雁，每层8只，两两引颈展翅，姿态各异。口沿部铆接环耳，上连提梁，以银链相套。底足由花瓣拼成。

20世纪80年代中期，陕西省扶风法门寺出土的一套由唐僖宗供奉的鎏金茶具，可谓是金属茶具中罕见的稀世珍宝。特别是鎏金壶门座茶碾子和鎏金仙人驾鹤纹壶门座茶罗子，更为珍贵。前者实为碾槽，槽体上有金制的鸿雁，作展翅飞翔状。碾轮用银制作，上饰金团花，给人以富态优美之感。后者为一件鎏金方匣，上层是茶罗，罗底有抽屉、壶门座。鎏金制成的飞天，身段秀美，神态动人，充分反映了唐人制作金银茶具的卓越技巧。但民间用的金属茶具多由铜、铁等制作而成，如陆羽《茶经》中提及煎水用的“鍑”，是用“急（熟）铁”铸造而成；生火用的“炉”和量茶用的“则”，用铜或铁制作而成。一直沿续到五代，金属茶具始终处于兴盛时期，无论是民间还是宫廷，常用金属制作鍑、铫、炉、瓶、壶等，用以煎茶瀹水。至宋代开始，古人对金属茶具的性能评判开始褒贬不一。

△ 鎏金花草纹银则　唐代

△ 素面银碗　唐代

△ **鸳鸯莲瓣纹金碗　唐代**

北宋陶穀《清异录》称：煎茶"当以银铫煮之，佳甚！铜铫煮水、锡壶注茶次之"。而北宋文学家苏轼则反对用铜铫或铁铫煮茶，他在《次韵周穜惠石铫》诗中写道："铜腥铁涩不宜泉，爱此苍然深且宽。"主张用石铫替代铜鼎、铁鼎，以消除由此而给茶汤造成的腥涩味。只是到元代以后，特别是从明代开始，随着茶类的创新，饮茶方法的改变，以及陶瓷茶具的兴起，才使包括银质器具在内的金属茶具逐渐消失，尤其是用锡、铁、铅等金属制作的茶具，用它们来煮水泡茶，被认为会使"茶味走样"，而使用的人越来越少。但至明清两代，用金属制成储茶器具，如锡瓶、锡罐等，却屡见不鲜。这是因为金属储茶器具的密闭性要比纸、竹、木、瓷、陶等要好，具有较好的防潮、避光性能，这样更有利于散茶的保藏。因此，用锡制作的贮茶器具，至今仍流行于世。

△ **银则（三件）　唐代**

△ **鎏金银茶碾子及银铜轴　唐代**

高7.1厘米　长27.4厘米

茶碾近似长方体，唯两端作孤形。通体纹饰鎏金。由碾槽、碾座和辖板组成，同银铜轴配为一套茶具。槽座顶面呈“∪”形，不闭合，一端有插缝，当辖板插入时，呈长方形，两端作如意云状。槽座腹体外壁镂空为壶门纹，其间錾饰飞马、流云纹。槽座底板与顶面形状一致，上下呼应。碾槽铆接在碾座中，与中药碾槽类似，剖面呈“V”形，以便铜轴放置其中滚动。铜轴为圆饼状，中部略鼓，一轴贯通其间。上饰围花、流云纹。

△ **鎏金龟形银盒　唐代**

通高13厘米　长28厘米　宽15厘米

银盒是一种可开启的盛放茶叶的容器。盒为龟形，其腹及四足中空作盒体，背甲为盖。子母口启合，纹饰鎏金。龟昂首前伸，尾卷曲，两目圆睁，四足屈蹲，形似匐伏中停下注视前方，静中寓动，栩栩如生。龟各部位刻画精细，背甲錾饰三行十五个鳞甲纹，周饰毛鳞纹和梅花纹，写宝与艺术夸张融合在一起。

△ **摩羯纹荷叶形盖三足盐台　唐代**

通高27.9厘米　口径16.1厘米

盐台是储盐用的器皿,因唐人饮茶需加食盐和椒粉调味,所以就有了盛装调味品的器皿。盐台分盖、台盘和足架三部分，盖为覆置卷荷叶状，底缘上卷，盖面錾刻叶纹，肩部錾饰四尾摩羯鱼纹，盖纽为莲蕾形。中空，有铰链可开合。台盘直口，盘沿外卷，浅腹平底，沿面盘底均錾莲瓣莲蓬纹，足架以银丝制成，足端外侧形似莲蕾，足架中部三足接合处用银丝接出两尾摩羯鱼和两颗莲捧宝珠。三足内侧錾刻有“咸通九年文思院造银盐台一只”。

△ **鹿纹十二瓣银碗　唐代**

△ **鎏金莲瓣纹荷叶足银碗　唐代**

通高8厘米　口径16厘米　足径11.2厘米

△ **刻花鼓形锡壶　清晚期**

通高8厘米　口径4.4厘米　底径8.7厘米

二
瓷器茶具及瓷窑

瓷茶具有坯质致密透明、釉色丰富多彩、成瓷温度高、无吸水性、造型美观、装饰精巧、音清而韵长的特点，沏茶能获得较好的色、香、味。从性能和功用上说，陶瓷茶具容易清洗，没有异味，传热慢，保温适中，既不烫手，也不炸裂。可见茶对陶瓷的依恋也是一个天然的“情结”，解也解不开。

我国古代的瓷器茶具，出现于陶器茶具之后，具体时间约始自东汉晚期。从唐代开始，瓷器茶具成为中国古代茶具的主流品种，也是最具代表性的种类。

瓷器茶具的品种很多，主要有青瓷茶具、白瓷茶具、黑瓷茶具和彩瓷茶具。这些茶具在中国茶文化发展史上，都曾有过属于自己的辉煌。

△ **越窑青釉瓷茶瓶　唐代**

通高10.5厘米　口径5.1厘米

△ **越窑青釉瓷茶瓶　唐代**

通高22.2厘米　口径9.8厘米

1 青瓷茶具

在瓷器茶具中，青瓷茶具是最早出现的一个品种。早在东汉时，浙江的上虞就开始烧制青瓷器具。近年来，浙江的上虞、余姚、慈溪等地陆续发掘了唐以前，包括汉代在内的古代烧制青瓷的多处窑址，出土了碗、壶、盘等多种饮茶器具。唐时，烧制青瓷茶具的窑场很多，著名的有浙江的越窑、瓯窑、婺州窑，湖南的岳州窑、长沙窑，江西的洪州窑，安徽的寿州窑，四川的邛窑等。但最著名的是越窑，陆羽在《茶经·四之器》中说“碗，越州上”“越瓷类玉”“越窑类冰”“越瓷青而茶色绿”，认为越窑青瓷茶具质量好，更能显现茶的汤色。唐代至德进士顾况在《茶赋》中说：“舒铁如金之鼎，越泥似玉之瓯。”越窑青瓷茶具一时间名声远播，产品不但为其他生产青瓷茶具的窑场所模仿，而且生产规模迅速扩大。此时，在浙东南、浙东北均有烧制越器的窑场，范围已超出越州，相当于现今的绍兴、宁波、台州三地，甚至更广。

△ **白釉绿彩写意纹喇叭口长颈壶　唐代**

高23.4厘米　口径8.7厘米　底径8.1厘米

△ **白瓷碗　唐代**

高4.7厘米　口径15.6厘米　底径6.7厘米

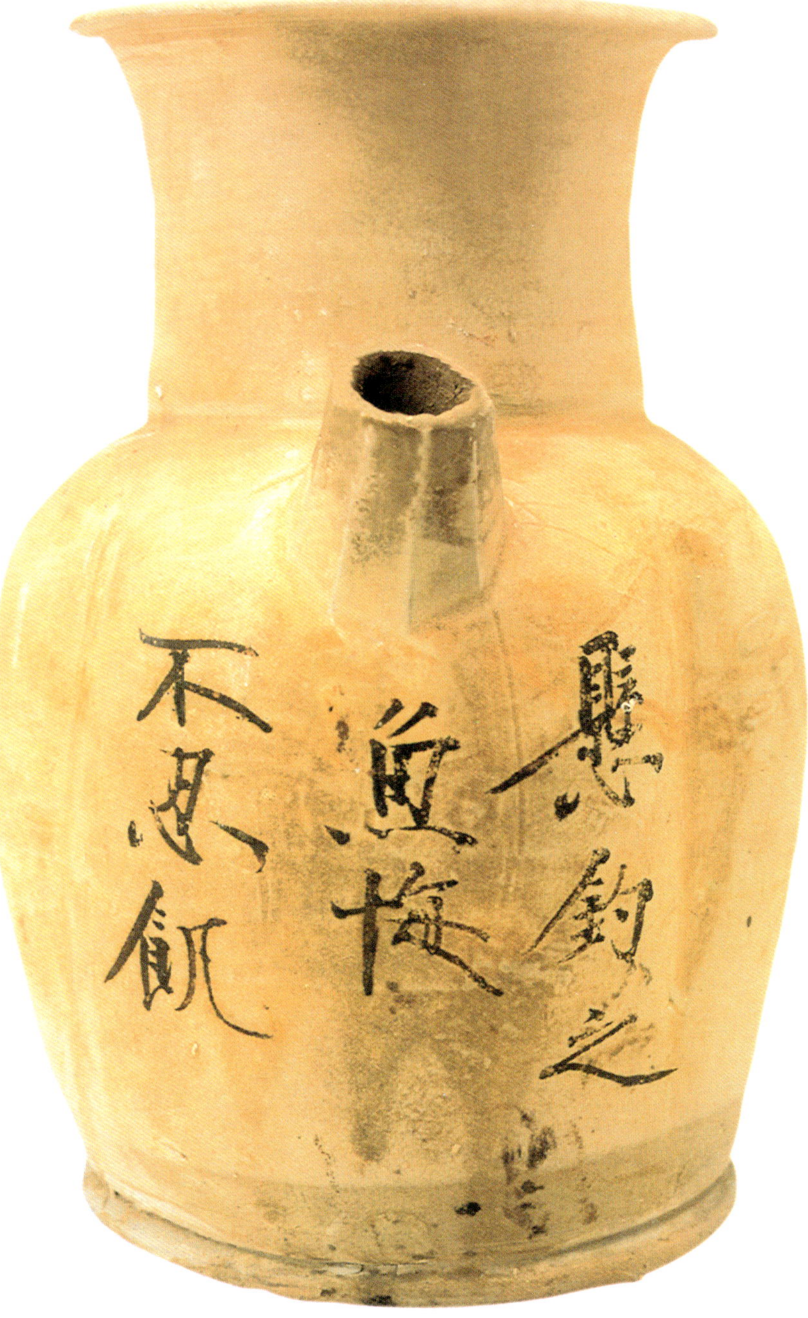

△ **“悬钓之鱼悔不忍饥”题记壶　唐代**

高18.3厘米　口径10厘米　　底径11厘米

△ **青釉葵口碗　唐代**

高4.5厘米　口径12厘米　底径5.2厘米

敞口，呈葵花瓣形，口以下渐敛，圈足稍宽；碗外壁在葵口下刻五条直线，里外通体施满青釉，釉色莹润，青中带黄。

◁ **越窑青瓷托、碗　唐代**

通高8厘米　碗口径11.7厘米

托、碗呈五瓣莲花形，通体一色青釉，犹如一朵盛开的荷花。荷花"出污泥而不染"，常被文人墨客看做洁身自好的象征。

▷ **黄釉绞胎碗　唐代**

高4.5厘米

敞口，浅腹，圈足，腹外中部有一道凸弦纹绞胎，内外施黄釉，色泽艳丽，纹路清晰。

许多唐代诗人纷纷作诗，对越窑青瓷茶具加以赞美，如孟郊的“蒙茗玉花尽，越瓯荷叶空”；施肩吾的“越飏初盛蜀茗新，薄烟轻处搅来匀。山僧问我将何比，欲道琼浆却思嗔”等，都反映了越窑青瓷茶具在唐代的兴盛和受人喜爱的情景。从已经出土的越窑青瓷茶具来看，当时主要的青瓷茶具有茶碗、执壶、茶瓯（盏）等。在烧制技术上，特别重视造型和釉色，不重纹饰，多为素面。初唐时茶碗为盅形，直口深腹，圆饼足；中晚唐时通行撇口碗，口腹向外斜出，为壁形足直至圈足。碗口多呈荷叶状、葵式、海棠式，使碗腹曲折起伏。

▷ **白瓷茶瓶　唐代**

高16.7厘米　口径9.6厘米

茶瓶亦称“汤瓶”。这件茶瓶的造型与陕西省西安市唐太和三年（829）王明哲墓所出的“茶社瓶”相同，是沏茶时盛沸水之器。唐中期以后，饮茶方法日益讲究，出现系列专用茶具。茶瓶出现略晚，说明了“点茶法”的兴起。“点茶法”到唐代晚期十分盛行，已有取代“煎茶法”之势。

◁ **青釉瓜棱汤瓶　唐代**

高20.4厘米　口径8.8厘米　底径9.4厘米

撇口，短颈，椭圆形腹，圈足。肩部一面有短流，一面为连接在肩与颈之间的曲柄，另两面装有环形双系。腹部用工具压出瓜棱线纹四条。

◁ **带托青瓷莲瓣碗　唐代**

▷ **青釉瓷茶碗　唐代**

高6.8厘米　口径19.8厘米　底径8.5厘米

◁ **葵口浅底白瓷碗　唐代**

高4.3厘米　口径14.3厘米

此碗属邢窑细瓷，碗内壁釉面上留有环形擦痕，应是长期用于点茶，为茶筅或茶匙于碗内旋回搅动而致。

唐代的执壶（又称注子），初期为鸡头壶，中唐开始，执壶器型为喇叭口，短嘴，嘴外壁为六边形，腹肥大，有宽扁形把。五代时，嘴延长成曲流。唐代的茶瓯（即托盏），直口或葵口，浅腹，圈足。其下的托呈盘状，中心部位有一托圈，前期矮后期升高，这种茶瓯，实是茶碗的一种，很受当时文人学士的喜爱。在唐和五代时，还有一种被称为“秘色瓷”的茶具，长期以来，人们一直只闻其名，不见其物。唐代徐夤有一首《贡余秘色茶盏》诗称：“捩翠融青瑞色新，陶成先得贡吾君；巧剜明月染春水，轻旋薄冰盛绿云。古镜破苔当席上，嫩荷涵露别江喷；中山竹叶醅竹发，多病那堪中十分。”它明白无误地告诉人们，在唐代生产的青瓷茶具中，还有一种不同凡俗的秘色瓷茶具存在。20世纪80年代中期，陕西扶风法门寺塔地宫中出土了唐懿宗供奉的16件秘色瓷器，至此揭开了秘色瓷之谜。

▷ **脱釉蒜头口圆鼓腹贴花穿带壶　唐代**

高18.4厘米　口径1.8厘米　底径10.5厘米

△ **白釉穿带扁壶　唐代**

高8.3厘米　口径1.6厘米　底径3.8厘米

△ **青釉瓜棱形竹节汤瓶　唐代**

高11.9厘米　口径3厘米　底径5.8厘米

汤瓶，煮茶茶具。专门煮水使用，当时俗称“茶吹”，或“铫子”，又有“镣子”之名。最早我国古人多用鼎和镬煮水。到中世纪后期，用鼎、镬煮水的古老方法才逐渐被“汤瓶”取而代之。

△ **白瓷净瓶　唐代**

腹径17.9厘米

△ **鲁山窑花瓷短流壶　唐代**

撇口，短流作短圆柱状，贴在壶肩部与流相对应处安有曲柄，柄低于口，在流与柄之间立双系。只施半截釉，釉不到底，底足宽大，给人以稳重之感。

△ **白釉绿彩竹节柄胡人横鋬壶　唐代**

高20厘米　口径5.7厘米　底径10.6厘米

△ **青釉褐斑模印贴花同心结纹双耳壶　唐代**

高19.6厘米　口径6.6厘米　底径14厘米

宋代，由于斗茶的兴起，当时推崇用“绀黑”色的茶盏饮茶，用青瓷茶具饮茶虽不及唐时兴盛，但青瓷茶具仍负有盛名，在宋代五大名窑“官、哥、汝、定、钧”窑中，除定窑外，仍均有青瓷茶具烧制。此外，临汝窑、耀州窑等，也有青瓷茶具生产。宋时众多生产青瓷茶具的名窑中，浙江临安（即今杭州）的官窑、龙泉窑已发展到鼎盛时期，生产的大小片纹“碎瓷”茶具造型端庄，釉色青莹，纹样雅丽，被誉为稀世珍品。其中的茶具产品，主要有炉、壶（瓶）、盒、盏等。

◁ **花瓣形朱漆盏托　北宋**

盏口径14.2厘米　通高6.5厘米

△ **银兔毫盏　南宋**

高7.2厘米　口径12.6厘米　底径4厘米

束口，里外施釉，将碗坯倒置，用手捏住圈足，取水平方向向下浸入釉浆中，接近碗坯腹底部施釉线处停留，缓缓来回转动，使坯体均匀地吸饱釉浆，胎釉相互粘连，然后从釉浆中取出，待自然晾干后，再入窑烧成。盏的外壁烧成后，接近圈足处会形成釉滴珠或一道厚实的“釉圈”。

△ **龙泉窑青釉莲瓣碗　南宋**

高6.7厘米　口径16.5厘米　足径5.5厘米

釉汁均匀，色泽青绿。龙泉窑，北宋盛行花纹装饰，南宋时逐渐减少，碗盘类仅在外壁刻画简单的莲瓣纹图案。

△ **建窑兔毫盏　宋代**

口径12厘米

此盏翻边，束口，底足无釉，为典型的兔毫盏，为建窑最为流行的品种。在黑色釉层中排列出均匀细密的筋脉，形状像兔毫，细长拥挤，又如成千上万条小虫子在黑色泥土中朝下爬动。产生这种奇观的原因是建窑黑釉含铁量高达9%以上，在高温烧造中，釉下气泡将铁质带到表面，然后流成条条针状，形成以黄、白、褐、蓝为主的窑变色，其中以黄、白、蓝色居多，民间俗称“金兔毛”“银兔毛”“蓝兔毛”，还有的称“金银兔毫”。此盏釉色肥厚，窑变焕发出金银色的光芒，纹理流畅均匀，十分难得。底足露胎为酱褐色，放大镜下呈肥腻状。

◁ **吉州窑月影梅花盏　宋代**

口径11.5厘米

▷ **紫定盏托　宋代**

高7厘米　口径6.3厘米

底径5厘米

敛口，宽边沿，高圈足外撇，通体施酱釉，釉色表面略有变化，被陶瓷界称为“紫定”。

◁ **汝窑青釉瓷碗　宋代**

口径16.7厘米

敞口，深腹，弧壁，小圆底，圈足。通体施灰豆绿色釉，釉层匀净，釉色光亮莹润。碗壁上下开片密布。造型典雅秀美。是常见的汝窑青釉瓷碗。

青瓷茶具自唐开始兴盛，历经宋、元的繁荣，到明清时，其重要性才开始有所下降。但此落彼起，特别是龙泉窑生产的茶具，既继承了越窑青瓷的特色，又有了新的发展。青瓷茶具胎薄质坚，釉层饱满，有玉质感，造型优美。在南宋至元代，龙泉窑已发展到鼎盛时期，名声远扬。到明代中期，龙泉青瓷在法国市场出现时，轰动了整个法兰西。被认为无论怎样比拟，都找不到适当的词汇来形容。后来，只好用欧洲名剧《牧羊女》中的主角雪拉同的美丽青袍来比喻，从此以后，雪拉同便成了龙泉青瓷的代名词。现今，在世界上许多著名的博物馆中，还藏有龙泉青瓷茶具，这些多是明清时期从中国传到海外去的。

△ **酱釉瓷盏托　宋代**

高4.3厘米

托座敛口，圆唇，扁圆腹，中空无底，托口高于盘口。承盘敞口，浅斜腹，高圈足，直足墙。通体施酱色釉，釉面有黑色斑点。托座口及托底足露胎，胎呈灰色，胎质较粗。

△ **钧窑小碗　宋/元时期**

△ **剔犀云纹托盏　元/明**

宽15.9厘米

2 | 白瓷茶具

在古代瓷器茶具中，白瓷茶具出现较早，大约始于北朝晚期。在河南省安阳市出土的北齐武平六年（575）范碎墓中，就有当时可作饮茶盛具的碗、杯等器件。到隋、唐时，白瓷发展已趋成熟，在当时使用广泛。唐代李肇《唐国史补》中所说的当时白瓷器具“天下无贵贱通用之”，讲的就是这个意思。唐代白居易曾作诗《于韦处乞大邑瓷碗》，盛赞四川大邑生产的白瓷茶碗是：“大邑烧瓷轻且坚，扣如哀玉锦城传。君家白碗胜霜雪，急送茅斋也可怜。”唐乾宁（894—897）进士徐夤《谢尚书惠蜡面茶》诗曰：“金槽（指铜碾）和碾沉香末，冰（指白色）碗轻涵翠缕烟。”说明其时白瓷茶具很受人喜爱，并被视作珍品。由于白瓷茶具质料“轻且坚”，扣声“如哀玉”，颜色“胜霜雪”，所以当时在全国形成了一批包括烧制白瓷茶具在内的窑场，其中著名的有河北省内丘县的邢窑、河北省曲阳县的定窑、河南省巩县的巩县窑等。这些窑场的产品最负盛名的要数邢窑烧制的白瓷茶具了，陆羽称它“类银”“类雪”。宋时，饮茶崇尚“白”色茶汤，而多用黑色茶盏，但白瓷茶具的生产从未中断，如定窑烧制的白釉印花瓷茶具，阳城（今属山西省）窑烧制的仿定窑白瓷茶具，彭县（今属四川省）窑烧制

△ **吉州窑凤纹碗　南宋**

高6.2厘米　口径16厘米

敞口，斜壁，浅腹，小圈足，通体施黄褐色斑纹釉，底足无釉。碗内壁用剪纸凤纹图案喷印出三只飞凤。碗中心印一花朵纹，极富民间装饰艺术趣味。

的仿定窑白釉印花、刻花茶具，磁州（今属河北省）窑和吉州窑白釉彩瓷茶具等，都受到时人的青睐。当时生产的茶具有壶、瓶、盏、碗等，至今仍有留存于世的。从明代开始，人们普遍饮用与现代炒青绿茶相类似的芽茶和叶茶，时兴用冲泡法饮茶，汤色以“黄白”为佳，在这种情况下，白瓷茶具再次兴起，受人欢迎。明代屠隆《考槃余事》载：“宣庙（指明宣宗）时有茶盏，料精式雅，质厚难冷，莹白如玉，可试茶式，最为要用。蔡君谟（即北宋蔡襄）取建盏，其色绀黑，似不宜用。”说的就是这个意思。所以，明代许次纾在《茶疏》中明确指出：“其在今日，纯白为佳。”明代张源在《茶录》中也说：“茶瓯（即碗或盏）以白瓷为上，蓝者次之。”因而江西景德镇窑身价倍增，成了烧制包括白瓷茶具在内的全国制瓷中心。

△ **鼎州窑黑釉瓷注壶　唐代**

高17.3厘米　腹径12.2厘米

△ **广元窑兔毫盏　宋代**

侈口，斜腹下微收，饼足。胎灰白，施黑釉，晶莹光润，表面密布灰色兔毫状纹。为广元窑中精品。

▷ **青花缠枝花卉碗　明宣德**

高19.5厘米

△ **青花开光式缠枝花卉纹执壶　明永乐**

高35.9厘米

此壶为直口长颈，深腹，圈足，颈侧有一方形流，另一侧的宽带反柄将颈腹相连。器当有盖。器身满饰青花，颈部饰折枝牡丹。肩绘莲瓣纹，肩与腹交接处绘缠枝花卉一周。腹部饰开光花卉，有牡丹、莲花、月季、芙蓉、秋葵、菊花、石榴、茶花等，花大叶小。青花采用进口苏麻离青绘制，发色浓艳，有黑色斑疵，是永乐朝官窑精品。

△ 青花龙纹盖碗（一对）　清光绪
口径10.1厘米

△ 青花花卉纹提壶　清代
高9.5厘米　口径6.1厘米　底径9.5厘米

△ 青花双蝠纹提壶　清代
高11厘米　口径5.5厘米　底径8.5厘米

景德镇烧制的白瓷茶具，相传唐时已负盛名。清代兰浦《景德镇陶录》载：唐武德年间（618—626），镇民陶玉载瓷入关中，就被称为“假白玉，且贡于朝”，终使当时被称为昌南镇的景德镇，“瓷名天下”。宋时，时人彭器资作《送许屯田》称，“浮梁（景德镇古名）巧烧瓷，颜色比琼玖”。明代以后，景德镇除生产白瓷茶具：茶壶、茶盅、茶盏、茶杯外，花色品种越来越多。江苏南京出土的明永乐（1403—1424）白瓷暗花小壶，造型圆浑，釉色明润，刻有牡丹纹饰，是当时白瓷茶壶的代表作。明宣德（1426—1435）烧制的白釉茶盏，光莹如玉，内有绝细暗花，有“一代绝品”之誉。清代，景德镇白瓷茶具，无论是外观抑或内质，都达到历史的最高水平，特别是与宋、元瓷器相比，品位大大提高，其胎白洁又坚致细密，釉白且润泽有光。

△ **青花葡萄松鼠纹碗　清乾隆**
口径22厘米

从明代中期开始，随着各种陶瓷茶壶的崛起，使得茶壶和茶的汤色不再有直接的烘托和对比关系，因此，人们对饮茶、盛茶器具色泽的要求逐渐淡漠，而将更多的追求转向茶具的“雅趣”上来。明代晚期冯可宾撰的《岕茶笺》称：“茶壶以小为贵，每一客，壶一把，任其自斟自饮，方为得趣。何也，壶小则香不涣散，味不耽阁（耽误之意）。”这就是说，自明代中期开始，古人对饮茶器具色泽的要求，并不像唐、宋、元，乃至明代前期那么重视，更多的是将注意力移情到“壶趣”上来了。但由于受外销的刺激，白瓷器件仍然受到重视。

△ **青花人物提壶　清代**
高18.5厘米　口径8.5厘米　底径13厘米

3 黑瓷茶具

古代黑瓷茶具，始于晚唐，鼎盛于宋，延续于元，衰微于明，没落于清，这是因为自宋代开始，饮茶方法已由唐时煎茶法逐渐改变为点茶法，而宋代流行的斗茶，又为黑瓷茶具的崛起创造了条件。

△ **青花穿花龙纹双耳大壶 清乾隆**

高35.6厘米

古人的斗茶，又称茗战。即以战斗的姿态互比茶叶的优劣。宋时连皇帝、宫廷大臣也以此为乐。斗茶，可能在五代时已经出现。宋时，最先在建安一带（今福建建安、建阳、蒲城等地）流行起来。宋代苏辙《和子瞻煎茶》诗曰："君不见，闽中品茶天下高，倾身事茶不知劳。"说的就是当时闽（福建）中饮茶斗品的盛景。北宋中期，斗茶迅速向北方传播开来，以致风靡全国。

△ **花卉纹瓷碗　清代**

△ **青花海兽纹碗　清道光**

口径19厘米

"大清道光年制"款。

北宋末年，宋徽宗也乐于此道，他在所著的《大观茶论》中谈到，斗茶是“天下之士，励志清白”，是“盛世之清尚”之举。上有所好，下有所效，从宫廷到民间，从皇帝至百姓，都以斗茶为乐。南宋刘松年的《茗园赌市》图，画的就是平民百姓斗茶的情景。从图中可以看到，每人手提茶瓶，有人点茶，有人啜茶，有人瞪目注视，正在互相品评，以决出优劣。宋人衡量斗茶的效果，一看茶面汤花色泽和均匀度，以“鲜白”为先；二看汤花与茶盏相接处水痕的有无和出现的迟早，以“盏无水痕”为上。时任三司使给事中的蔡襄，在他的《茶录》中就说得很明白：“视其面色鲜白，著盏无水痕为绝佳；建安斗试，以水痕先者为负，耐久者为胜。”而黑瓷茶具，正如宋代祝穆在《方舆胜览》中说的“茶色白，入黑盏，其痕易验”。所以，宋代的黑瓷茶盏，成了瓷器茶具中的最大品种，福建建窑、江西吉州窑、山西榆次窑等都大量生产黑瓷茶具，成为黑瓷茶具的主要产地，而且像定窑之类原先以烧白瓷茶具为主的名窑，也开始生产黑瓷茶具。在众多生产黑瓷茶具的窑场中，建窑生产的“建盏”最为人称道。蔡襄在《茶录》中称：“建安所造者……最为要用。出他处者，或薄或色紫，皆不及也。”建盏配方独特，在烧制过程中使釉面呈现兔毫条纹、鹧鸪斑点、日曜斑点，一旦茶汤入盏，能放射出五彩纷呈的点点光辉，增加了斗茶的情趣。北宋梅尧臣诗《次韵和永叔尝新茶杂言》曰：“兔毛紫盏白相称，清泉不必求虾蟆（泉）。”宋诗僧惠洪《与客啜茶戏成》载：“金鼎浪翻螃蟹眼，玉瓯绞刷鹧鸪斑。津津白乳冲眉上，拂拂清

△ **紫漆描金花卉多穆壶　清中期**

高58.3厘米　口径14.5厘米

壶口沿为僧帽式。通体髹紫漆地，描金缠枝莲纹。方曲流上饰描金龙头火珠纹，侧面附环形链条。

风产腋间。”南宋诗人杨万里《送新茶李圣俞郎中》道：“鹧鸪碗面云萦字，兔褐瓯心雪作泓。”这些诗句称颂的都是建安茶盏。至元代，黑釉建盏仍受到品茗者的青睐，元中书令耶律楚材在他的《西域从王君玉乞茶因其韵七首》中，就有五首是称赞“建郡瓯”的。特别值得一提的是，宋、元期间，黑瓷茶具还大量销往日本、朝鲜，以及东南亚、欧洲各国，这在宋代赵汝适的《诸蕃志》、元汪大渊的《岛夷志略》中都有详细记载。从明代中后期开始，兴盛了600余年的黑瓷茶具建盏，从“名冠天下”的顶峰跌落下来，而为其他茶具品种所取代。明张谦德的《茶经》说：“今烹点之法，与君谟（蔡襄）不同，取色莫如宣定。取久热难冷，莫如哥窑。向之建安黑盏，收一两枚以备一种略可。”表明自明代开始，由于“烹点”之法与宋代不同，黑瓷建盏已“似不宜用”，仅是作为“以备一种”而已。

△ **青花山水纹钟形象执壶　清嘉庆**

通高9.4厘米　口径4.3厘米　底径8.8厘米

4 | 青花瓷茶具

青花瓷茶具属彩瓷茶具之列，是彩瓷茶具中的一个最重要的花色品种。青花瓷茶具始于唐代，元代开始兴盛，特别是明清时期，在茶具中独占魁首，成了彩色茶具的主流。

古代的青花瓷茶具，其实是指以氧化钴为呈色剂，在瓷胎上直接描绘各种图案纹饰，再涂上一层透明釉，然后在窑内经1300℃左右的高温还原烧制而成的器具。然而，对“青花”色泽中“青”的理解，古今亦有所不同。古人将黑、蓝、青、绿等诸色统称为“青”，故“青花”的含义比今人的要广。其特点是：花纹蓝白相映成趣，有赏心悦目之感；色彩淡雅幽静可人，有华而不艳之力。加之彩料之上涂釉，显得滋润明亮，更平添了青花茶具的魅力。

△ **长沙窑荷花碗　唐代**
高5.6厘米　口径15.7厘米

△ **褐彩飞鸽纹盏　唐代**
高4厘米　口径14.2厘米　底径5厘米

△ **釉下褐绿彩蕉叶纹壶　唐代**
高19.8厘米　口径8厘米　底径10.8厘米

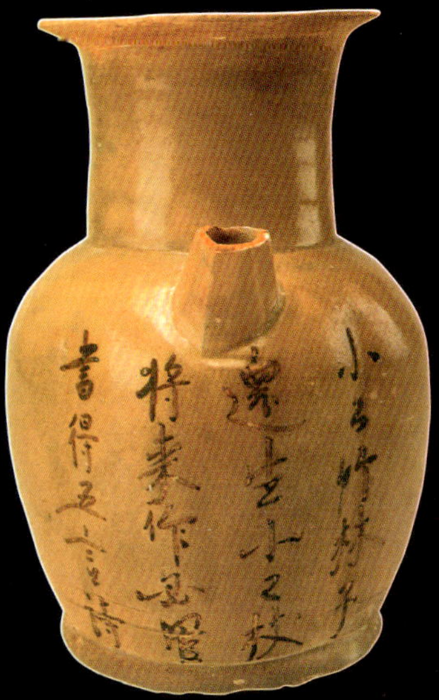

△ **“小小竹林子”诗文壶　唐代**
高18.5厘米　口径9.8厘米
底径10.2厘米

△ **褐绿彩喇叭花纹壶　唐代**
高18.5厘米　口径8.7厘米
底径9厘米

直到元代中后期，青花瓷茶具才开始成批生产，特别是景德镇，成了我国青花瓷茶具的主要生产地。生产的茶具品种有茶罐、茶瓶、茶瓯等。由于青花瓷茶具绘画工艺水平高，特别是将中国传统绘画技法运用在瓷器上，因此这也可以说是元代绘画的一大成就。元代以后，除景德镇生产青花茶具外，云南的玉溪、建水，浙江的江山等地也有少量青花瓷茶具出产，但无论是釉色、胎质，还是纹饰、画技，都不能与同时期景德镇生产的青花瓷茶具相比。明代，景德镇生产的青花瓷茶具，诸如茶壶、茶盅、茶盏，花色品种越来越多，质量越来越精，无论是器形、造型、纹饰等都冠绝全国，成为其他生产青花茶具窑场模仿的对象。史称当时景德镇生产的瓷器“诸料悉精，青花最贵”。特别是（明）永乐、宣德、成化时期的青花茶具清新秀丽，达到了无与伦比的境地。如宣德时期生产的青花茶杯，形似汉玉斗，釉色莹白，青花翠光，胜如羊脂美玉。还有一种“轻罗小扇扑流萤”茶盏，人物毫发可鉴，诗意清雅脱俗，人谓“无声诗入瓷之始”。明成化年间烧制的娇黄葵花茶杯，《历代名瓷图谱》称它“杯制不知何仿，釉色嫩黄，如初放葵花之色，外黄内白，宜乎酌茗，余弘治（明孝宗年号）一窑器皿多矣，要之无过于此杯佳者”。成化年间，青花瓷茶具堪称“一代风格”：胎体轻薄，透视能见淡肉红色；图案纹饰、线条勾画，层次分明；青花色泽淡雅清丽，素静明快；造型精灵秀美。明代刘侗、于奕正《帝京景物略》称：“成（成化年间）杯一双，值十万钱。”足见青花瓷之珍贵。清代，特别是康熙、雍正、乾隆时期，青花瓷茶具在古陶瓷发展史上，又进入了一个新的历史高峰，超越前朝，影响后代。康熙年间烧制的青花瓷器具，史称“清代之最”。清代陈浏在《陶雅》中说：“雍（正）、乾（隆）之青，盖远不逮康（熙）窑。”“康（熙）青虽不及明青之浓美者，亦可独步本朝矣。”康熙年间烧制的青花茶具，不像明代那样以官窑烧制为主，而是以民窑烧制居多，所以数量庞大。这一时期的青花茶具，胎质细腻洁白，纯净无瑕，人称“糯米胎”；釉面肥润透色，釉层适中；纹饰图案多样，亦有全篇诗文或大段书写；青花选用“浙料”，色泽鲜艳，呈宝石蓝色，由于青料浓淡不同，立体感强。青花茶具的品种主要有盖碗、茶壶、茶盅、茶盒等。至于晚清生产的青花茶具，总的来说，胎体相对粗松，制作工艺较为粗糙，釉面稀薄不匀，图案纹饰呆板，造型无创新。当然，也有少量作品，特别是官窑产品，堪称上乘之作。

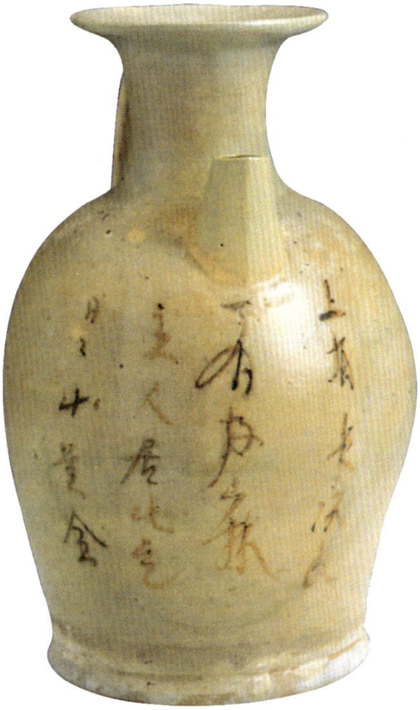

△ **长沙窑青釉褐彩诗文壶　唐代**

高24.6厘米　口径9.5厘米　底径12.5厘米

△ **青釉褐彩鹭纹壶　唐代**

高23.3厘米　口径11厘米　底径12.5厘米

明清时期，由于制瓷技术提高、社会经济发展、对外出口扩大，以及饮茶方法改变，促使青花茶具获得了迅猛发展，当时除景德镇生产青花茶具外，较有影响的还有江西的吉安、乐平，广东的潮州、揭阳、博罗，云南的玉溪，四川的会理，福建的德化、安溪等地。此外，全国还有许多地方生产“土青花”茶具，在一定区域内，供民间饮茶使用。

△ **越窑刻花执壶　宋代**

高18厘米

△ **越窑青釉瓜棱壶　五代**

高17.5厘米

△ **越窑青釉花口碗　五代**

高7.5厘米　口径17.3厘米　足径7.8厘米

碗身呈五瓣花形，底为圈足，足端上遗有十二枚支烧痕。通体满釉，釉呈灰青色，釉质坚致，釉面有吸烟现象和较多不规则土锈。

△ **官窑暇青釉花口盏托盏杯　宋代**

高8厘米　直径25厘米

此器物器型周正，古朴大方，器身施以粉青釉，釉面较厚，釉质细腻。

▷ **建窑几何纹碗　宋代**

口径15.5厘米

◁ **官窑黄釉暗刻龙纹碗　清宣统**

直径13.8厘米

“大清宣统年制”款。

△ **粉彩龙凤杯（一对）　清乾隆**

径6.5 厘米

△ **官窑粉彩万花图杯（一对）　清嘉庆**

口径8.2厘米

△ **官窑暇青釉花碗（一对）　清宣统**

高4厘米～3.8厘米　口径10.3厘米～10厘米

5 古代茶具名窑

中国古代茶具虽然种类很多，但用途最广又能延绵始终、长盛不衰的当推陶瓷茶具。在古代瓷窑中，有许多是以产茶具而著称的，其中主要有：以烧制青瓷茶具闻名的越窑、以烧制白瓷茶具闻名的邢窑、以烧制釉下彩绘茶具闻名的长沙窑、以烧制黑瓷茶具闻名的建窑、以烧制紫砂陶茶具闻名的宜兴窑、以烧制青花瓷茶具闻名的景德镇窑。此外，还有官窑、汝窑、定窑、钧窑、龙泉窑、哥窑、德化窑、德清窑、吉州窑、耀州窑等，都是古代以烧制茶具而闻名的瓷窑。在这些名窑中，既有烧制十分注重工料，不计成本，产品“百里挑一”，专贡宫廷使用绝不流于民间的官窑；也有烧制粗犷，产品通俗豪放，讲究实用的民窑。它们相互融合，互相补充，携手臻进，代表着一个时代的特征，对茶具发展起过重要的推动作用。现将一些既有茶具产出又有代表性的古代名窑，简介如下。

△ **建窑鹧鸪斑油滴盏　宋代**

口径12厘米

盏为翻边，束口，底足无釉。因是采用蘸浸施釉，口部釉薄，露出褐色胎状。器身布满斑点，呈金色、银色、黄褐色等，大小不一，排列有序，既整齐又有变化，这种毫无人工痕迹的自然呈现，显现了不可思议的窑变状态，是当时制瓷工人的杰出创造。这种景象仿佛是密集的繁星，排列在幽蓝的天体中，述说着只有天体自身才能听懂的语言。此类油滴盏较难仿造，因此鉴定也较容易。束口处在放大镜下呈色干燥，自然开片。釉面上星星点点处，在放大镜下呈玻质结晶状，有开片，而黑釉底色却无开片，这是建窑黑釉的一个特征。底足露铁褐色胎，似乎粗糙，但细看能见肥腻状。这也是一个特征。

（1）长沙窑

长沙窑为我国古代制瓷名窑之一。20世纪50年代中期，在湖南省长沙市望城县铜官镇发现瓷窑遗址，始为人知。因古窑位于铜官镇，故又称铜官窑。

考古表明，长沙窑始于中唐，盛于晚唐终于五代，以烧制青瓷为主，主要包括茶具在内的日常生活用具。其中，已出土的有碾茶用具茶碾、擂钵等；炙茶、煮茶用具鼎、铫、锅等；饮茶用具壶、碗、盏等。

这些是长沙窑烧制的青釉釉下彩绘茶具，突破了青瓷的单一釉色，对后世釉下彩的使用开创了先河。在装饰上，由最初的褐色斑点，演变为褐绿色彩斑点，富含美感。在造型上，做到随形变化，特别是茶具造型之多，在唐代是首屈一指的。迄今为止，长沙窑烧制的茶具，不仅国内有出土较多，而且在韩国、日本，以及东南亚和西亚的一些国家，也有遗存相继出土。从出土茶具来看，长沙窑瓷器很可能是我国唐代重要的出口瓷器之一。可惜对长沙窑的历史记载很少，所以只能从出土实物中去推想它往日的辉煌了。

△ **长沙窑龙纹执壶　唐代**

高19厘米　口径9.2厘米　底径11.4厘米

米黄色胎，土黄色釉。侈口，短颈，溜肩，长圆瓜棱腹，足呈饼状，足沿凹弦纹一周，底部无釉。肩部装多棱形短流及扁带形执柄。在流以下的腹面有釉下彩绘云龙纹，即先在坯上刻出龙的轮廓，再用褐绿彩填绘须与鳞片，衬以云彩，然后施釉烧成。

△ **长沙窑酱釉弦纹壶　唐代**

高21.7厘米　口径4.8厘米

直口，长圆腹，肩有多棱长流，颈腹饰带形柄，足外撇。通身施酱釉。肩与近足处各有弦纹。此壶结构比例适当，造型优美，为长沙铜官窑出土器物中的上品。

（2）越窑

越窑为我国古代著名制瓷名窑之一，主要分布于浙江省宁绍地区，现今的上虞、余姚和慈溪为烧瓷中心，这些地方，唐、宋时为越州辖地，故名越窑。越窑自东汉开始创烧青瓷，六朝为其发展期，隋唐是兴盛期，至宋代开始衰落，前后历时千余年，一直是青瓷器具的主产地。兴盛时，窑场林立，烧制区域包括现今的绍兴、宁波、台州三地的众多县市。

▷ **越窑青釉莲花鸡首壶　东晋**

高29.6厘米　口径13.3厘米　底径12.5厘米

鸡首壶的腹部印有重纹仰莲和覆莲一周，每个莲瓣中间，又饰含苞待放的莲花苞一个。南北朝时期，随着佛教普遍被人们所推崇，莲花纹就成为了瓷器上的主要图案。

△ **越窑青瓷葵瓣式碗　五代**

高7.3厘米　口径17.2厘米　足径7.6厘米

△ **越窑青瓷执壶　五代**

此执壶器身压制成六瓣凹痕，装饰上光素无纹，注重青瓷釉色，色泽青灰。整体造型匀整，显得精巧雅致。

△ **越窑青瓷壶　五代**

五代时期越窑壶具的造型等工艺技术虽然受唐代茶具的影响，但已逐渐开始有了新的风格。

△ **越窑青釉瓜棱壶　五代**

高17.5厘米

越窑，以烧制日常生活用具为主，从已出土的器具来看，当时烧制的茶具，主要的有茶碗、执壶、茶盏、茶盘等。这些茶具，胎体细薄，釉面滋润，色泽青绿，还有浮雕、釉下彩绘、刻画花等装饰，使茶具显得优美动人。陆羽在《茶经》中说的“碗，越州上……”即指越窑产的茶具为上品，陆羽说它“类冰”“类玉”“益色”，以致青瓷茶具为唐代茶人所崇尚。尤其是“秘色瓷”，其釉色青绿碧玉，釉质晶莹润澈，曾是中外史学家们所力图解析的千古谜案。唐代诗人陆龟蒙赞越窑青釉器具是：“九秋风露越窑开，夺得千峰翠色来”，把

△ **越窑刻花执壶　五代**

通高18厘米　口径4.5厘米

胎质细腻、釉色晶莹，以青翠著称的越窑青釉瓷器，说得栩栩如生，惟妙惟肖。五代十国时，吴越国君王钱镠将“秘色瓷”作为宫廷专用瓷，并成为向后唐、后晋和宋、辽王朝的进贡品。此时，越窑青瓷受皇室直接控制，使烧制技艺更加精湛，原料处理更加细致，成型要求更加严格。

越窑茶具除行销当时的大江南北外，唐代开始还远销亚、非各国，越窑成为当时最著名的烧制茶具的瓷窑。目前，在印度、伊朗、埃及、日本等国的古港口、古城堡的遗址中，均有越窑青瓷遗物出土，足见越窑影响之深远。

△ **越窑莲花式碗托　五代**

通高13.2厘米　碗高8.9厘米　口径13.8厘米

直口深腹。饰浮雕莲瓣三叠，承盘作仰莲状，刻画莲瓣两叠，圈足为覆莲形，浅雕莲瓣两叠。全器造型如盛开之莲花一朵。构思独具匠心。托座底心楷书“项记”款铭。

△ **越窑鸡形把杯　五代**

高6.3厘米　足5厘米　口7.2厘米

仿汉代铜器式样烧造。敞口微环敛，高圈足微外撇，杯身一侧贴一展翅欲飞的立形鸟，鸟的头部高出碗口，另一侧贴鸟尾，尾的末端微高，尾中部与腹部相连为柄，鸟的身部、翅膀及尾部均有画道装饰，器里外满釉，呈青色，有细小纹片，足里无釉。

△ **越窑编花盘口壶　宋代**

高21厘米

（3）官窑

官窑有两种含义：广义地说，是指历代由朝廷直接掌管，专烧宫廷用器的窑场。狭义地说，是指宋代官窑，为宋时五大名窑之一。

历代对官窑数量控制十分严格，产品质量要求极高，即便稍有瑕疵，也要当即毁埋，决不流入民间。官窑烧制的茶具，主要供皇室使用，也常作皇帝恩赐给达官显贵，或馈赠给外国使臣的礼品，因此，民间甚难寻求。宋代的官窑，有北宋官窑和南宋官窑之分。北宋官窑，据宋代顾文荐《负暄杂录》载，建于北宋宣和、政和年间，设在京师汴京（今河南省开封市），烧造青瓷，但为时很短。1127年，北宋灭亡，宋高宗赵构南渡，建都临安（今浙江省杭州市）。与此同时，许多制瓷名匠也云集杭州，先后在杭州南郊的万松岭和乌龟山下的八卦田附近建立南宋官窑，设置了“修内司”官窑和“郊坛下”官窑，由南宋朝廷专控，烧制包括茶具在内的生活用具和艺术瓷器。南宋官窑，以紫金土为制胎原料，烧制青釉瓷。釉面开片，色泽晶莹滋润。南宋叶真的《坦斋笔衡》赞南宋官窑瓷是：“澄泥为范，极其精致。釉色莹澈，为世所珍。”当时生产的茶具产品有茶盏、茶盘、茶瓶等。1179年，南宋王朝覆灭，工匠流失，官窑毁弃。历史上，清康熙、雍正、乾隆三代鼎盛时期曾在景德镇仿制过南宋官窑青瓷。近些年，南宋官窑青瓷的研究者们又力求仿制。但由于种种原因，清代和近些年的仿品，其胎釉特点与真正南宋时期的制品相比，都相差较远。

（4）建窑

建窑也是中国古代名窑之一，窑址位于今福建省建阳市水吉镇，其地唐、宋时属建州辖地，故而得名。建窑始于唐代，宋时大振，以烧制黑釉茶盏而名扬中外。北宋诗人苏轼赞兔毫茶盏是：“忽惊午盏兔毛斑，打作春瓮鹅儿酒。”宋徽宗赵佶在《大观茶论》中也说：“盏色贵青黑，玉毫条达者为上。”建窑以烧制黑釉瓷系产品为主，并一度承烧贡瓷茶具等，以作宫廷斗茶之需。为与民间茶具相区别，凡作贡茶盏，外底均刻有“供御”字样。

△ **建窑兔毫盏　宋代**

口径12厘米

此盏翻边，束口，底足无釉，为典型的兔毫盏，为建窑最为流行的品种，在黑色釉层中排列出均匀细密的筋脉，形状像兔毫，细长拥挤，又如成千上万条小虫子在黑色泥土中朝下爬动。此盏釉色肥厚，窑变焕发出金银色的光芒，纹理流畅均匀，十分难得。底足露胎为酱褐色，放大镜下呈肥腻状。

建窑烧制的黑釉茶盏，润黑之中闪射出釉面纹样，其色或白、或黄，使人遐想联翩。建盏的品种很多，有金毫盏、银毫盏、玉毫盏、异毫盏等，而最珍贵的要数细密如兔毛的"兔毫斑"茶盏，釉面呈油滴状的"鹧鸪斑"茶盏也为宋代茶人所爱。

△ **建窑黑釉兔毫茶碗　宋代**

高6厘米　口径11.9厘米　底径3.5厘米

建窑，位于闽北建阳水吉，是我国宋代八大窑系之一。建窑最主要的黑釉器产品，以茶具扬名。它是一种底小口大，形如漏斗的小碗，俗称"建窑"，因其造型优美，釉色乌光发亮，闪现出一条条银光闪闪的细毫，状如兔毫，也称"兔毫盏"，是世界陶瓷史上的杰作。

（5）德清窑

德清窑为中国古代制瓷名窑之一。窑址位于今浙北德清市境内，故名德清窑。大约建于4世纪初至5世纪中叶的东晋至南朝早期，仅百余年历史。它以烧制精良的黑釉器具为主，目前证实是我国最早烧制黑釉的瓷窑。由德清窑烧制的壶、碗、盏托、盘、罐等早期茶具，流通范围很广，除浙江省外，四川、福建、江苏等省，都有德清窑产品出土。德清窑烧制的黑釉茶具，是在青瓷的基础上发展起来的。它的烧制成功，打破了单一的青釉传统色调，且烧制的产品釉色稳定，色泽滋润，乌黑如漆。由于德清窑烧制技术精湛，终使其成为当时颇具声誉的特殊窑系，烧制的茶具能与当时的越窑、婺州窑茶具相媲美。

另外，德清窑在当时还兼烧青瓷茶具，产品具有经济、实用的特点。

（6）钧窑

中国古代制瓷名窑之一，位于河南省禹县。禹县曾是夏禹时的都城。古文献载，夏启夺位后，召集部落首领在禹县北门外的“钧台”举行盛会。北宋以后至元，其地窑场遍布，目前已发现的有百余处，钧窑也由此得名。钧窑始于唐，盛于宋。北宋时，以成功烧制出色如海棠红、玫瑰紫的窑变釉瓷而名声远播，为世人瞩目。宋徽宗时，钧窑受命烧制宫廷用器具，其时广集民间制瓷高手，在禹县城北八卦洞建立官钧窑。官钧窑制品，均采用二次烧制工艺，即先烧素胎，再上釉复烧成器。然后精心挑选，落选者破毁深埋。其时，钧窑与定窑、汝窑、官窑、哥窑并称为“宋代五大名窑”。当时生产的茶具制品有碗、盏、瓶、盘等。到明万历时，钧窑为避皇帝朱翊钧讳，改称为均窑。

△ **钧窑玫瑰紫釉执壶　北宋**

高9.5厘米

△ **钧窑执壶　北宋**

高30.3厘米

△ **钧窑月白釉紫斑花口碗　宋代**

高4.8厘米　口径9.5厘米　足径3.5厘米

碗通体十字花，花口微内敛，口以下渐收，圈足。里外壁施满月白釉并布满红色斑片，好像蔚蓝的空际飘浮着红霞，绚丽多彩。

△ **钧窑红斑大碗　金/元**

直径19厘米

△ **钧窑玫瑰红斑碗　元代**

径20厘米

△ **钧窑红斑大碗　元代**

径22.4厘米

钧窑茶具，由于在烧制时能利用窑变，通过铜的呈色作用，用控制火焰的办法，除烧制红色釉瓷茶具外，还能烧制出蓝色釉瓷和衍生的紫色釉瓷茶具，使釉色更加绚丽多彩。又由于经烧制而成的茶具，常能在厚釉层而上见到有流动状细线，俗称“蚯蚓走泥纹”，而受到时人的青睐。钧窑为我国陶瓷美学揭开了新的一页。现存世的明宣德宝石红僧帽壶，就是在宋钧窑茶具的烧造基础上，由景德镇窑烧制的不可多得的珍品。

△ **钧窑天青釉紫斑灯盏　元代**

高14厘米

器型周正，造型优美，胎质细腻，施釉均匀，釉质莹润。

△ **定窑白釉瓷风炉与瓷镬　五代**

通高15.6厘米

（7）定窑

中国古代制瓷名窑之一。窑址在今河北省曲阳县的涧磁村和燕山村，因其地在唐、宋时属定州辖区，故而得名。

定窑在唐时已烧制白瓷，五代十国时开始兴起，宋时仍以烧白瓷为主，兼烧酱釉、红釉、黑釉、绿釉等，统称彩色釉。其产品分别称之为紫定、红定、黑定、绿定等。我国宋代的彩色釉器具，多为定窑所产，品种繁多。它利用外部轮廓线的粗细、横直、长短、屈曲的不同，使器具的形状多种多样。所产的茶具制作正规，刻意求精，无繁杂装饰，显现了宋人饮茶及其对茶具的清逸典雅的审美情趣。

▷ **定窑印缠枝花卉纹碗　北宋**

高4.6厘米　口径11.5厘米

◁ **定窑刻花渣斗　北宋**

高7.4厘米　足径4.6厘米　口径17.8厘米

口外撇，短颈，扁圆腹，圈足。里口部划刻两朵莲花及荷叶纹，花纹疏落有致，刀法刚劲有力。通体白釉，微显牙黄色，柔和洁净，表现出当时工匠们的卓越制瓷技巧。

▷ **定窑刻花大碗　北宋**

高14.3厘米　底径16.6厘米　口径28.6厘米

口沿微敞，弧腹，浅圈足，足边露胎，胎骨灰白，质地坚硬，击之声清脆而悠扬。釉色闪黄。碗心刻团花，内外壁皆刻莲花，其花纹布局严谨，线条流畅，技艺娴熟，为定窑之珍品。

△ **定窑黑釉鹧鸪斑碗　北宋**

径19厘米

撇口，斜腹，小矮圈足 。胎薄细白，坚实致密，器型挺拔。施黑釉，色黑如漆，釉面有褐色斑点，这种斑点俗称“油滴”，又称“鹧鸪斑”，是在高温中，釉层中的铁矿物大量分解成氧化铁，并排出大量气泡，当气泡上升到釉面破损后，四周遗留的富铁溶体，在冷却时析出大量赤铁矿和磁铁矿小晶体，聚集成团，形成的“油滴”。从造型、胎质、釉色分析，此器为定窑所产。色佳的黑定非常稀少，以油滴斑者更是罕见，此碗可谓绝品。

△ **定窑粉红釉凤首壶　宋代**

高18.5厘米

△ **定窑白瓷贮茶用具　北宋**
口径14.5厘米

△ **定窑刻莲花花口大碗　宋代**
径25.5厘米

定窑所产瓷器，无论何种釉色，其胎始终为白色，这是定窑和仿定窑制品的区别。北宋早期，产品盛行浮雕装饰，刻花加篦纹装也较普遍；以后，碗、盘类制品多葵瓣口装饰，并开始采用刻划花和印花装饰。定窑产的白瓷器具，胎质细腻，釉色白中略带牙黄，滋润如玉。金时生产的广口小底碗，多流行印花。彩色釉器具，一般光素无纹，尤以酱釉为上，古人称它“烂紫晶澈，如熟葡萄，璀璨可爱”。明代曹昭《格古要论》说到当时紫定的价格高于白定，被视为珍品。定窑在五代至北宋期间，曾承烧部分宫廷生活用具。为与民间相区别，常在器具外底加“官”或“新官”铭文。北宋后期，定窑创覆烧法，包括茶具盏、碗、瓶等在内的众多器物，口沿无釉，称之为“芒口”。到了宋钦宗以后，因金兵入侵，京都南迁临安（今浙江杭州），定窑也就不再烧制宫廷用具了。

△ **定窑印花碗　北宋**
高7.5厘米　口径26.5厘米

▷ **定窑几纹碗　宋代**

口径13.5厘米

◁ **定窑白釉花口碗　宋代**

高3.8厘米　口径12.8厘米

历史上，定窑白瓷器具在外销上占有一定比例。在亚、非许多国家，曾有不少定窑白瓷器具出土。国内很多博物馆等文物收藏场所，都藏有定窑遗物。

（8）汝窑

汝窑窑址位于今河南省宝丰县清凉寺一带，因该地北宋时为汝州辖地，故以此得名。为古代制瓷名窑之一。

汝窑，文献中常以汝官窑称之，原因是北宋时曾一度专门烧制包括茶具在内的宫廷用瓷。汝窑也是宋代五大名窑之一。北宋时为宫廷烧造青瓷，为区别于民间用瓷，多在器具底部外侧刻有“奉华”“蔡”“申”等铭文。宋代叶寘《坦斋笔衡》载：“本朝以定州白瓷器有芒不堪用，遂命汝州造青瓷器，故河北唐、邓、耀州悉有之，汝州为魁。”可见汝窑烧制的青瓷器具，在宋代青窑中居首位。

◁ **汝窑青釉花形盏托　北宋**

▷ **汝窑天青釉花口注碗　宋代**
高7.8厘米　口径12.8厘米

汝窑瓷器具的釉色，以“天青”为主，这是一种与蓝天的色调接近的釉色，有深、浅之分。此外，还有“卵白”，也称“卵青”，是一种与鸭蛋壳相近似的釉色；“淡青”，是一种以青色为主，又略带微绿的釉色。此外，汝窑还兼产部分白瓷、黑瓷、三彩陶等日常生活用器具。当时生产的茶具品种，主要的有茶盏、茶瓶、茶盘等，现今存世的有宋汝窑划花茶盏等茶具。后因“靖康之变”，宋迁都浙江临安（今杭州），大批制瓷高手随之南迁，汝窑也就因此衰落。由于汝官窑为北宋宫廷烧制瓷器为时不长，又严禁在民间流传，所以传世很少，到南宋时，已“近尤难得”，故弥足珍贵。

△ **汝窑碗　宋代**

高6.7厘米　口径17.1厘米　足径7.7厘米

撇口，丰腹，圈足微外撇。胎体轻薄，通体满釉，天青色，莹润纯净，开细小纹片。制作规整，足内有支钉烧痕及乾隆御题诗。汝窑碗传世稀少。

△ **汝窑莲口浅腹碗　宋代**

口径14厘米

此碗通体施胎白色汝釉，釉质细腻，底有支烧痕迹，花口裹足，保存完好。

（9）耀州窑

中国古代制瓷名窑之一。窑址位于陕西铜川市黄堡镇，其地唐、宋时属耀州辖地，故而得名。耀州窑始于唐代中期，当时烧制一些黑、白、青、黄等杂色瓷器。晚唐时，因越州窑青瓷成为风尚，耀州窑遂弃烧黑、白瓷，转而以烧青瓷器具为主。北宋时，采用浮雕手法，烧制了许多具有强装饰效果的日常生活用青瓷器，与汝窑、钧窑形成三足鼎立之势，其地位不亚于宋代五大名窑官窑、哥窑、钧窑、定窑和汝窑，烧制的茶具有茶碗、执壶、茶盏、茶盘等品种。特别是宋神宗元丰至宋徽宗崇宁的30多年间，耀州窑一直烧制贡瓷，供宫廷使用。据载，当年金兵攻克汴梁（今河南省开封市）时，就从北宋宫中掠去大批耀州窑青瓷器具，足见耀州窑青瓷之珍贵。现今还有耀州生产的宋青釉茶盏、宋青釉画花三鱼茶盏、宋青釉印花菊花茶盏等存世。耀州窑茶具，制作精良，风格独特。北宋《德

△ **耀州窑提梁倒灌壶　北宋**

通高18.3厘米　腹径14.3厘米　腹深12厘米

胎质坚细，呈灰白色，釉色淡青略泛灰色，有光泽。壶身呈圆形，壶盖为象征性的装饰，不能开启，盖与提梁连接，提梁为一伏卧的圆眼、短嘴凤凰，流雕一对正在哺乳的母子狮，造型生动逼真。腹部饰缠枝牡丹花，下饰一圈仰莲瓣纹。底部中心有五瓣梅花孔，灌水时要将壶倒置，水从母狮口外流时始盛满，然后将壶放大，因壶内有漏柱与水相隔，底虽有梅花孔，滴水不漏。这件提梁倒灌壶造型、结构极为奇特，纹饰繁缛华丽。

◁ **耀州窑青釉刻鸭纹碗　北宋**

高8厘米　足径5厘米　口径14厘米

通体呈六花瓣形，里外施青釉，釉色纯正，外光素，里壁刻划海水波涛纹，中心刻游鸭戏水。线条犀利流畅，鸭纹形象生动，栩栩如生，足以显示宋代耀州窑刻花的高超水平。

△ **耀州窑印花卉纹碗　北宋**

高6.6厘米

应侯碑记》赞其为："巧如范金，精比琢玉"；"方圆大小，皆中规矩"。表明耀州窑青瓷器具，制作正规，犹如精巧的金器，也若玲珑的玉雕。耀州窑烧制的青瓷器具造型优美，釉色滴翠，刻画娟秀。宋都南迁后，耀州窑为金人控制，其时，耀州窑虽仍有少量瓷器茶具等生产，但烧制器具的釉色已转为以姜黄色为主，还有部分黑釉、酱釉等器具，生产规模日渐缩小，数量锐减，逐渐走向衰落。

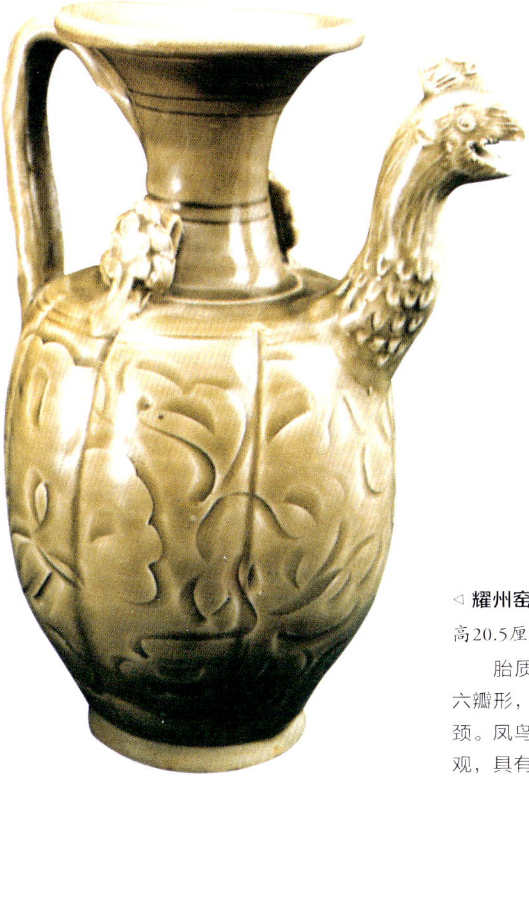

◁ **耀州窑凤头壶　北宋**

高20.5厘米　口径8.5厘米　腹径11.5厘米

胎质灰白，釉色青绿，釉质细腻。喇叭形口，颈腹作六瓣形，刻饰牡丹花，肩两侧贴塑一对花形耳，流作凤鸟头颈。凤鸟引颈啼鸣，栩栩如生，颈部羽毛清晰可见。造型美观，具有独特风格，是耀州窑瓷器中少见的珍贵艺术品。

◁ **耀州窑青釉盏托　宋代**

托盘通高3.5厘米　口径13.3厘米

底径7.6厘米　托子口径4.3厘米

这件青釉瓷盏托，托盘口沿较宽，微微上翘，并轻轻压出“六出”花口。盘心较深，中部竖一梯形圆柱，柱面下凹，做成一个浅钵的样子，用来承嵌碗盏，防止倾覆。通体施以青绿色釉，藉以保持其里里外外的洁净。饮茶时一手托着盘子，一手从盘上拿起茶盏，既适用又方便，更有悦目赏心之趣。

△ **耀州窑青釉浅刻荷塘鸭戏盏托　宋代**

口径15厘米

（10）哥窑

关于哥窑是否存在，目前仍是古陶瓷史学界所争议的问题。原因之一是有学者认为龙泉窑中的哥、弟之说纯属传闻，之二是宋代的书籍中没有见到哥、弟窑的记载。有关哥窑的史料记载，元代晚期成书的《至正直记》，第一次谈到"哥哥洞窑""哥哥窑"，但没有说窑在何处，更没有提到"弟窑"。最早明确提到"哥窑"的是明宣德三年（1428）的《宣德鼎彝谱》："……内库所藏柴、汝、官、哥、均、定各窑器皿，款式典雅者，写图进呈。"这里还有柴窑未见其址、其器，余者均属宋代名窑。明嘉靖辛酉年（1561）印行的《浙江通志》始有"山下即琉田，居民多以陶为业。相传旧有章生一、生二兄弟二人，未详何时人，主琉四窑，造青瓷，粹美冠绝当世。兄曰哥窑，弟曰生二窑……"之说，但说明是"相传"，也"未详何时人"。青瓷考古学者朱伯谦教授指出：遗憾的是后来的文人，将"相传"两字去掉，成为正式史料叙述，而且肯定"章生一、生二兄弟"为南宋人。

▷ **哥釉碗　明代**

口径21.5厘米　高7厘米

◁ **哥窑青瓷杯　宋代**

高4.2厘米

通体八方形，口外撇，小圈足，端刷酱色。青灰色釉，开金丝铁线纹。故宫博物院藏。

◁ **哥釉莲瓣纹碗　宋代**

口径17厘米　高6.5厘米

▷ **哥窑青瓷小碗　宋代**

高3.3厘米　口径7.8厘米

◁ **哥窑青瓷葵瓣口碗　宋代**

高4.8厘米　口径11.8厘米

明代曹昭《格古要论》称："旧哥哥窑出，色青，浓淡不一，亦有铁足紫口，色好者类董窑，今亦少有。"明嘉靖年间编的《七修类稿续编》记载得更为详细，并谈及哥窑与龙泉窑是同出处州（今浙江省丽水市的龙泉县）。

"哥窑"茶具的特点：一是青釉开片，有釉面裂纹；二是紫口铁足，即器具口沿脱釉，露胎色，但足为酱铁色，上下相映成趣，这种特点类似于南宋官窑瓷器中的黑胎青釉官窑瓷，有很高的艺术欣赏价值。

（11）德化窑

德化窑窑址位于福建省德化县，故名。现已发现古窑址200余处。德化窑始于宋代，宋、元时受景德镇窑影响，烧制的茶具以青白瓷为多，明代时则主要烧制白瓷茶具，在历史上为我国东南沿海地区外销瓷器的重要产地。在日本以及东南亚和欧洲很多国家，都有德化窑茶具发掘出土。

德化窑白瓷，既不同于唐、宋时的北方白瓷，也不同于景德镇青白瓷，德化窑烧制的器具，釉色洁白滋润，似凝脂，如美玉。在光照射下，呈半透明猪油状，隐显粉红或乳白色泽，俗称"象牙白"，也有称其为"猪油白"或"奶白"的。加之器具面上多饰刻花和蓖划纹，使其更富艺术感。明时，德化窑生产的包括茶碗、茶壶、茶杯等茶具在内的白瓷器具，销往欧洲后，被法国人称之为"中国白""鹅绒白"，堪称"瓷坛明珠"。清代德化窑又有扩展，但釉色白中显微黄，缺少温润之感，略嫌美中不足。

△ **德化窑白瓷红绿彩盖罐　明中/晚期**

△ **德化窑白瓷梅花执壶　明中/晚期**

△ **德化窑白瓷杯　明中期**

△ **德化白釉梅花杯　清代**

高16.5厘米

（12）龙泉窑

龙泉窑始于南朝，终于清初，是我国制瓷历史长久、影响深远的一个瓷窑体系。龙泉自宋代以来隶属处州府（今浙江省丽水地区），龙泉窑在一些史籍上亦称“处州窑”或“处窑”。处州龙泉境内，山岭连绵，森林茂密，瓷石等矿藏资源丰富，又是瓯江的重要发源地，自然条件优越。龙泉窑烧制出的龙泉青瓷，是我国陶瓷史上的一颗明珠，占有十分重要的地位。从20世纪30年代以来，特别是50年代以后，文物考古工作者对龙泉进行过一系列的调查和考察，在龙泉以及周

△ **龙泉窑青釉印人物碗　元末**

高9.2厘米　口径14.7厘米　足径6.2厘米

直口，厚胎，裹足包釉，底心点缀一块釉斑，涩圈上隐见垫烧前，釉呈油青色，外壁刻划花卉，碗内壁模印人物纹二组，间以“窦氏女”“买秦”文字点题。阴文印花是元代龙泉窑的主要装饰手法，而碗心刻“成”字铭，足底有釉斑现象。

△ **龙泉窑青釉印花扁壶　明早期**

通高11.3厘米　口径3.6厘米×3厘米　足径4.9厘米

国的一些县市，共发现各时代的龙泉青瓷窑址四五百处。南宋时是龙泉窑发展的迅速时期，南宋后期至元代是它的鼎盛时期，大量地生产器形优雅、釉层丰厚如玉的瓷茶具，把青瓷茶具的工艺技术提高到前所未有的高度，使龙泉窑名闻中外；明代以后产品质量下降，釉色灰暗，至清初停烧。

龙泉窑青瓷茶具的早期制作工艺、釉色、装饰，受越窑、瓯窑、婺州窑影响。南宋以后“其色皆青，浓淡不一；其足皆铁色，亦浓淡不一。旧闻紫足，今少见焉。惟土脉细薄，釉色纯粹者最贵”（参见《七修类稿续编》）。龙泉窑以烧制包括茶杯、茶盏、茶壶、茶碗等日用器具为主，产品大量外销，日本、韩国以及东南亚等地的不少国家都曾先后出土过龙泉窑青瓷茶具。

△ **龙泉粉青釉执壶　元代**

高21厘米

△ **龙泉窑梅花盏　宋代**

口径8厘米

△ **龙泉窑青瓷水注　南宋**

龙泉窑早期烧造的青瓷，胎体厚重，原料淘炼不纯，釉层很薄，釉色多青中泛黄。进入南宋，以釉色取胜，釉层肥厚如凝脂，纯如美玉，以无纹片者为贵。龙泉窑属青瓷系统，颜色有豆青、淡蓝、胎青灰、灰黄、炒米、蟹壳青等，其中以粉青和梅子青最具魅力，也最为名贵。

（13）邢窑

邢窑为古代制瓷名窑之一。窑址位于河北省内丘县、临城县一带，其地唐时属邢州辖地，故名邢窑。邢窑始于隋代，盛于唐代。唐代李肇《国史补》载："内丘白瓷瓯，端溪紫石砚，天下无贵贱通用之。"陆羽在《茶经》中也称邢窑茶碗"类银""类雪"，足见邢窑在唐代影响之大。

唐时，茶具生产形成"南青北白"的格局，越窑是"南青"的代表窑，"北白"则以邢窑为领衔。唐代邢窑茶具产品可分为两类：一类是玉壁底施釉的细瓷，质地洁白细腻，釉质滋润，大多进贡朝廷；一类是玉壁底不施釉的粗瓷，胎质相对较粗，多施以化妆土，供民间人民大众使用。邢窑生产的茶具主要有茶碗、茶盏、茶盘等品种。唐时邢窑茶具负有盛名，不但进贡，还远销到东南亚、北非等地。在国内各地出土的唐墓中，常有邢窑白瓷茶具问世。邢窑的生产一直延续至元代，是古代北方茶具的重要生产基地。

（14）吉州窑

吉州窑窑址分布于江西省吉安市永和镇一带，这里自隋至宋属吉州辖地，故而得名。吉州窑始于唐代，发展于五代至北宋，南宋时盛极一时，元代开始衰落，明时曾一度中兴，前后达1200年之久，是中国陶瓷史上规模较大的瓷窑之一。

△ **吉州窑褐釉混点葵瓣口碗　南宋**

口径11.5厘米

△ **吉州窑黑釉木叶碗　南宋**

口径11厘米

△ **吉州窑双凤纹笠式碗　南宋**

口径15.7厘米

侈口圆唇，腹壁削直，底足小，圈足矮，胎体薄，形制规整，状如斗笠，故名。内外施黑釉，外壁有玳瑁斑，内有剪纸贴花双凤纹，凤鸟拖着长长的尾翎展翅飞翔，神态轻盈。此器为吉州窑剪纸贴花工艺的代表作。

吉州窑以产黑釉瓷著称，生产的茶具主要有茶瓶、茶碗、茶盏、茶罐等。这些产品，釉色变化丰富多彩，烧制工艺独特。特别是北宋晚期，天下大乱，河北磁州窑（以烧白釉黑花瓷为主）的许多工匠南迁于此，终使吉州窑成为兼容南北烧瓷技艺，生产多种器件的著名瓷窑。

吉州窑所产的黑釉瓷，又称吉州天目釉。宋时，吉州窑烧制的包括茶具在内的器件上出现的“剪纸漏花”，以及在此基础上派生出来的“木叶天目”两种装饰，是吉州窑的创新，前者是将民间广泛流传的手工艺剪纸，巧妙地移植到瓷器上加以应用。后者是将各种不同形状的自然生长的树叶采下贴在已上过釉的器件上，再上一层含铁量较高的薄釉，然后揭去树叶烧制，从而使器件釉面上出现叶状花纹。这种装

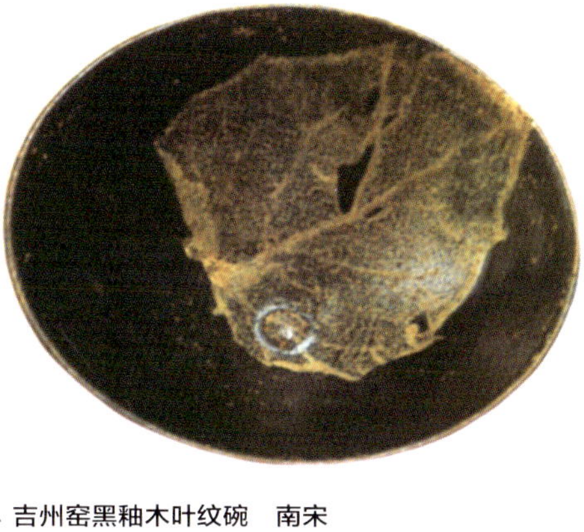

△ **吉州窑黑釉木叶纹碗　南宋**

高5.5厘米　口径14.8厘米　足径3.8厘米

敞口，斜腹壁、矮圈足。施黑釉，底足无釉。碗内贴一树叶作装饰，经高温一次烧制，制作简便易行，纹饰别具一格。

饰，既逼真，又富天趣；加上吉州窑器型端庄，胎质细密，釉色柔和，做工精细，终使吉州窑产品名噪一时，为后人留下了一份宝贵的遗产。现今存世的吉州窑茶具有宋吉州窑乌金釉叶纹茶盏、宋吉州窑剪纸双龙纹茶盏等。

（15）岳州窑

岳州窑为我国古代制瓷名窑之一。窑址位于湖南省湘阴县城关及县内其他地区，人称湘阴窑。我国窑名出自唐代，而湘阴唐时属岳州辖地，所以，唐代称其为岳州窑。陆羽《茶经·四之器》称茶碗是“岳州上，寿州、洪州次”。盛赞当时岳州窑烧制的茶碗为上品。岳州窑是唐代主要的青瓷茶具产地之一。

岳州窑，始于南北朝时期，最早烧制的器具，胎呈灰白色，胎质欠细密，釉色以青绿为主，半透明，多呈开片，施半釉。唐代开始，烧制范围扩大。当时烧制的茶具，有茶碗、茶瓯、茶盒等，其胎多为灰白色，釉色仍以青绿为多，有玻璃质感。釉开细片。唐初，岳州窑瓷器多施半釉，甚至只在茶具的口沿施一圈釉，这是一个特色。但中唐以后，可能受附近长沙窑兴起的影响，岳州窑开始衰落，但尽管如此，在茶具发展史上，岳州窑仍占有一席之地。

△ **岳州窑青釉碗　唐代**

胎壁较薄，釉色明亮，采用支钉烧法。底足有釉，器物精致，注重釉色，不带装饰。

（16）景德镇窑

景德镇窑为中国古代制瓷名窑之一。因位于景德镇而得名。清代兰浦的《景德镇陶录》历史窑考中记载：唐时景德镇就有陶窑和霍窑存在，并有白瓷器具生产。宋代又开始烧制青白瓷茶具。由于唐、宋时我国的制瓷中心在中原和江南，所以，景德镇窑并不占重要地位。自元代开始，景德镇窑地位日趋重要，就其烧制的茶具而言，青白瓷茶具，无论是产量还是质量，均超过其他窑场；青花瓷茶具，由于装饰绘画工艺水平高，成了我国陶瓷茶具中的一个重要品种。明初开始，由于景德镇窑有元代的制瓷基础，四邻又有量丰质优的原材料，以及便利的水上交通，加上明朝在景德镇设立专门工厂（即御窑），制造宫廷所需的各种瓷器，终使景德镇窑名冠全国，景德镇成了全国的制瓷中心。明

△ **景德镇青花云龙纹茶壶　清光绪**

高20厘米

“景德镇杨金盛造”款。

△ **填彩漆云龙纹碗　清乾隆**

高7.2厘米　口径19.8厘米

现藏北京故宫博物院。碗表朱漆地，以黄、黑、紫、绿、墨绿等色漆填饰云龙纹。碗内及外底髹黑光漆，足内正中刻楷书填金“大清乾隆年制”三竖行款。

永乐、宣德年间创制的茶壶，时人称它是“发古未有”“一代绝品”。其时，它生产的青花茶具，器形、造型、纹饰等都名冠于世，成为其他窑场的模仿对象。烧制的彩绘茶具，在素瓷上使用彩料绘画，使得茶具在胎质细腻、小巧玲珑的基础上，又增添了色泽艳丽、画意生动的特色。清代，景德镇还创制了粉彩、斗彩等釉上彩绘茶具。景德镇窑生产的茶具，主要有茶壶、茶杯、茶盅等器件。从明代开始，景德镇有大批瓷器出口，轰动海外，国外赞誉中国为“瓷器之国”。在当时出口的瓷器中，就包括许多茶具在内。明万历三十六年（1608），有一份记录当时中国人去大泥国贩卖瓷器的备忘录，备忘录记载的大批瓷件中，内有茶壶500件。景德镇在明清两代已是举世闻名的“瓷都”。清代，景德镇窑继续为清皇宫烧制御用品，其青花瓷茶具始终处于一统地位。清乾隆年间（1736—1795）烧制的彩绘茶具，名噪一时，为皇宫珍品。现今，在北京故宫博物院中，仍珍藏有不少清代康（熙）乾（隆）时期的景德镇窑生产的瓷器茶具。

△ **五彩花卉蝴蝶纹提壶　清同治**

通高12.5厘米　口径6厘米

△ **珊瑚红地粉彩花卉碗 清雍正**

口径14.9厘米

▷ **珐琅彩折枝莲花纹碗 清代**

口径12.4厘米

康熙珐琅彩料和制作都非常精细，色泽极其光润、浓艳。此碗器型完美，以黄、绿、红等彩绘折枝莲纹，上施胭脂红“康熙御制”蓝色堆料款，十分珍贵。

◁ **广彩开光人物碗 清光绪**

口径41.7厘米

敞口、深腹，矮圈足。内外饰三周棉地纹带，余以百花纹为地、外壁上部有圆形开光，内金书满文。内外壁下部有方形开光，开光内花卉、人物图案相间，花卉图案以金粉涂地。人物图案多为仕女。纹饰丰满紧凑，用色非常丰富，并大量使用金彩，画面鲜艳协调，富丽堂皇，具有“织金彩瓷”的特色，是清后期广彩瓷的佳品。

（17）宜兴窑

宜兴窑为我国古代制陶名窑之一。因位于江苏省宜兴市而得名。宜兴窑始于六朝，早期生产青瓷。至宋代时开始烧制无釉土陶（紫金土）器具，这就是紫砂器的前身，但存世很少。明代开始，方成一代名窑，名扬四海，宜兴亦以“陶都”闻名于世。

宜兴窑生产的紫砂器，以茶壶形制最多。其原料是一种含铁量很高（7%—8%）的紫金土，陶色有紫黑、淡黄、赤褐等多种。由于自元至明，茶类创新，大兴散茶，时人饮茶由原来重视汤色的显现，转向注重“茶味”、讲求“壶趣”，特别是从明代开始，宜兴制壶名家辈出，使宜兴窑生产的紫砂壶成为陶色典雅、造型朴拙、制作精细、实用可心之作。一些制壶大家的作品，更成了珍奇瑰宝。明代李渔在《闲情偶寄》中说：“茗注莫妙于砂壶，砂壶之精者，又莫过于阳羡。”阳羡是宜兴一带的古名。明代周高起在《阳羡茗壶系》中称：“近百年中，壶黜银、锡及闽（福建）、豫（河南）瓷，而尚宜陶。”足见宜兴紫砂器之珍贵。明正德、嘉靖年间供（龚）春制作的“供春壶”，当时就有“胜似金玉”之誉。明万历年间时大彬制作的“大彬壶”，时人赞它“妙不可思”。与时大彬齐名的还有李大仲、徐大友，他们制作的紫砂壶，或像商周鼎彝，古趣盎然；或若花鸟鱼虫，栩栩如生；或似瓜果树桩，各肖其形；或如天仙寿翁，情态可掬，都是不可多得的珍品，从而使宜兴窑生产的紫砂茶具进入到一个新时代。自明开始，“宜（即宜兴）陶景（即景德镇）瓷”几成“霸占天下”的局面，前者以制紫砂陶著称，后者以制瓷器闻名，都达到了极高的水平。

△ **宜兴刻字山水茶壶　清道光**
高8.2厘米

▷ **宜兴紫砂蓝地粉彩花鸟壶　清嘉庆**

高10厘米

◁ **宜兴紫砂方壶　清代**

高 7.5厘米

▷ **宜兴紫砂胎画珐琅四季花卉盖碗　清代**

碗带盖高8.3厘米　碗高5.7厘米　口径11.3厘米

足径4.6厘米

清代，宜兴窑生产的紫砂茶具，在前人的基础上又有了新的发展。如清初陈鸣远制作的“鸣远壶”，集书法、雕塑于一体，人称有“晋唐风格”。嘉庆、道光年间由文人陈鸿寿（曼生）设计，制壶高手杨彭年制作的“曼生壶”，在紫砂壶更趋艺术化上迈进了一大步，为鉴赏家所珍藏。

此外，明清时期，宜兴窑还生产仿钧窑茶具，白胎，有天青、月白、天蓝等釉色，人称“宜钧”。生产的茶具与钧窑相比，釉较薄，开细片纹。清代中后期，“宜钧”又盛行贴花装饰。生产的茶具，以茶壶、茶杯为多，但名声远不如紫砂茶具为高。

△ **宜兴紫砂竹节提梁壶　清代**

高 21.5厘米

△ **宜兴刻字茶壶　清代**

高 6.3厘米

△ **时大彬款宜兴紫砂壶　清代**

高16.5厘米

三 紫砂茶具

△ **仿古虎錞壶　明代**

高7.7厘米　宽8.4厘米

壶作宽肩敛足的青铜虎錞型，配以曲嘴、曲柄，圆虚嵌盖，扁圆钮，腰上弦纹，用一匀净的扁圆线装饰，整器敦厚古朴，轻巧而有动感。特别是壶的圆口可内藏壶盖的圆边，壶盖与口沿之间密不透风，壶嘴于肩向上弯，壶把在对面作弯形，乍看酷似古铜器。

紫砂茶具，由陶器发展而成，是一种新质陶器，始于宋代，盛于明清，流传至今。北宋梅尧臣的《依韵和杜相公谢蔡君谟寄茶》曰："小石冷泉留早味，紫泥新品泛春华"；欧阳修的《和梅公仪尝建茶》云："喜共紫瓯吟且酌，羡君潇洒有余清"，说的都是紫砂茶具在北宋刚兴起的情景。至于紫砂茶具由何人所创，已无从考证。据说，北宋大诗人苏轼在江苏宜兴独山讲学时，认为其地独山的风光景物，与他的家乡"蜀中"相似，因此将独

△ **仿金铂料斗笠碗　清乾隆**

碗为有模吹制而成，花瓣式口，大斜壁略有外凸弧度，圈足，通体呈金铂之色，光素无纹。玻璃质地，纯净明亮。外底中心阴刻单方款，内刻"乾隆年制"楷书款。此碗壁薄如纸，晶莹剔透而不乏温润，托于掌中，光影交映。制式规整，款式雅正，确为乾隆时期清宫造办处所制玻璃器的上乘之作。

山改名蜀山。又说东坡好饮茶，为便于外出时烹茶，曾烧制过由他设计的提梁式紫砂壶，以试茶审味，后人称它为“东坡壶”或“提梁壶”。苏轼诗云：“银瓶泻油浮蚁酒，紫碗铺粟盘龙茶”，就是诗人对紫砂茶具赏识的表达。

▷ **蓝色透明玻璃花口式碗　清乾隆**

高6.6厘米

◁ **蓝透明玻璃碗　清代**

▷ **仿古壶　清道光**

今天的紫砂茶具是用江苏省宜兴市南部及其毗邻的浙江省长兴县北部埋藏的一种特殊陶土，即紫金泥烧制而成的。这种陶土，含铁量大，有良好的可塑性，烧制温度以1 150℃左右为宜。紫砂茶具的色泽，可利用紫泥色泽和质地的差别，经过“澄”“洗”，使之出现不同的色彩，如可使天青泥呈暗肝色，蜜泥呈淡赭石色，石黄泥呈朱砂色，梨皮泥呈冻梨色等；另外，还可通过不同质地紫泥的调配，使之呈现古铜、淡墨等色。优质的原料，天然的色泽，为烧制优良紫砂茶具奠定了物质基础。而该地所产的阳羡茶和紫笋茶自唐代开始，就已列为贡茶。阳羡（宜兴）是中国茶叶史上，有明确文字记载的最早贡茶产地之一，因此，当地对茶具的选择，无论是形制和内质，自然是十分讲究的；加之该地文人学士、能工巧匠辈出，因而使紫砂茶具既具有实用性，又具有艺术美。明代李渔的《闲情偶寄》称：“茗注莫妙于砂壶，砂壶之精者，又莫过于阳羡。”可见，古人对宜兴紫砂茶具是十分推崇的。

△ **竹雕执壶　清代**

高27厘米　宽6厘米

△ **竹雕提梁壶　清代**

高32.2厘米

▷ 威海卫同庆顺造镶锡紫砂壶
清末至民初

宜兴紫砂茶具之所以受到茶人的钟情，除了这种茶具风格多样，造型多变，富含文化品位，以致在古代茶具界中别具一格外，还与这种茶具的质地适合泡茶有关。后人称紫砂茶具有三大特点，就是“泡茶不走味，储茶不变色，盛暑不易馊”。宜兴紫砂茶具创于宋代，但从有确切的文字记载而言，则始于明代，这可能与明代废团饼茶，改用散茶，推行冲泡法饮茶有关。明代周高起在他的《阳羡茗壶系》开头就说：“近百年中，壶黜银、锡及闽、豫瓷，而尚宜兴陶。”其理是“宜兴陶”“能发真茶（即散茶）之色、香、味”。据该书记载，宜兴紫砂壶创始于明正德年间，宜兴金沙寺内的一位僧人，与陶工常有往来，于是“抟其细土，加以澄练，捏筑为胎，规而圆之，刳而中空”，再安上盖、底、柄、嘴，入窑烧制，终于制成了中国最早的紫砂茶壶。以后，有个叫供（一作“龚”）春的家僮跟随主人吴颐山到金沙寺侍读，他巧仿老僧心匠，学会制壶技艺，并加以改进。周高起曾见到过“供春壶”，说“传世者粟色，暗然如古金铁，敦庞周正”。明代张岱在《陶庵梦忆》中称：“宜兴罐以供春为上……直跻商彝周鼎之列而毫无愧色。”明代闻龙《茶笺》载：老友周文甫，家藏供春壶一把，“摩挲宝爱，不啻掌珠，用之既久，外类紫玉，内如碧云，真奇物也”。供春壶自问世以后，历代视作珍品，有“供春之壶，胜似白玉”之说，可惜时至今日，只有一把失盖的供春树瘿壶存世，现珍藏于中国国家博物馆。之后，到明万历年间，出现了董翰、赵梁、元畅、时朋“四家”；后又出现时大彬、李仲芳（李大芳）、徐友泉（徐大泉），人称“三大壶中妙手”。

◁ **紫砂二龙戏珠方壶　民国**

高10厘米

“民国十八”款。

▷ **紫砂壶　民国**

高7厘米

“晓燕制陶”款。

他们所制的壶，各具特色。特别是时朋之子时大彬，始仿供春，制作大壶；后独树一帜，制作小壶。他的杰作调砂提梁壶，上小下大，形体稳定，色紫黑，杂砂土，呈现星星白点，宛若夜空繁星。现存的有六方紫砂壶、三足圆壶等数件。当时人说时大彬制的紫砂壶，“不务研媚而朴雅坚栗，妙不可思”。供春的主人吴颐山的孙辈吴梅鼎写的《阳羡茗壶赋》中说：“余从祖拳石公（即吴颐山）读书南山，携一童子名供春，见土人以泥为缶，即澄其泥，以为壶，极古秀可爱，世所称供春壶是也。嗣是时（即时朋）子大彬师之，曲尽厥妙。数十年中，仲美、仲芳之伦（即兄弟），用卿、君用之属，接踵骋伎，而友泉徐子集大成焉，一瓷罂耳，价埒（即相当）金玉，不几异乎!”这里提到供春以后的时朋、时大彬、李仲美、李仲芳、陈用卿、沈君用、徐友泉等，都是明代的制壶高手，可谓人才辈出；而烧制而成的茶具，又“烂若披锦”，等同“金玉”。并开始向外传至欧、亚诸国，特别是瓜形和球状的紫砂壶，尤其受到国外茶人的欢迎。明末清初惠孟臣制作的孟臣壶，呈猪肝色，虽无雕镂，但经沸水冲入，渐见紫色，同样被视为珍品。

清代，紫砂茶具又有新的发展。清康熙至嘉庆年间，出现了许多制陶大家，其中陈鸣远是继时大彬之后的又一位制壶大师，他制作的壶可谓穷工极巧，匠心独运，现存的束柴三友壶、梅干壶等均是世间极品。此外，还有杨彭年、杨凤年、邵大亨、黄玉麟等制作的紫砂壶，也都名扬遐迩。

紫砂茶壶的造型，千姿百态，富于变化，大致可以归纳为如下几种类型。

仿生型：此类茶具做工精巧，结构严谨，仿照树木、花卉的枝干、叶片、果实，以及动物形体制作。以仿真见长，富有质朴、亲切之感。代表作品如扁竹壶、龙团壶、樱花壶、玉兰壶、鱼化龙壶、南瓜壶等。

几何型：此类茶具外型简朴无华，表面平滑，富有光泽，根据球形、圆柱形、正方形、菱形等立体几何图形制作，常见的有圆壶、八角壶、六方壶、直腹壶、潘壶等。

艺术型：此类茶具造型多变，富有想象，或集书画、雕塑、诗文于一体，给人一种艺术享受。一般由文人设计、陶匠制作的作品，多属此例，“曼生壶”是其代表作。此外，还有玲珑梅芳壶、加彩人物壶、春风如意壶、什锦壶、浮绘山水茗具（包括壶和杯）等。

特种型：此类茶具专为特种茶类的烹饮或特殊饮茶方法而制作，如福建、广东人啜乌龙茶用的茶具，始于清代，古色古香，人称“烹茶四宝”。汕头风炉，娇小玲珑，用来生火烧水；玉书碨，实是一把烧水壶，呈扁形，为赭褐色，显得朴素淡雅；孟臣罐，本是一把容量为50毫升～100毫升的茶壶，小的如旱橘，大的若香瓜；若琛瓯（杯），是一种小得出奇的杯子，只有半个乒乓球大小，仅能容纳4毫升茶水。通常将四只若琛瓯与一个孟臣罐（壶）一起放在一只茶盘中。这套茶具，既能用来啜乌龙茶，又是艺术品，往往成为收藏家追逐的目标。

此外，古代紫砂茶具中，还有许多是混合型的。其实，对历代茶人而言，只要具有实用和审美价值，又不乏文化品位的紫砂茶具，都是好作品。

明清时除了宜兴生产的紫砂茶具负有盛名外，当时有影响的陶瓷产地还有广西钦州、四川荣昌、云南建水，与江苏宜兴陶器一道，号称中国“四大名陶”，它们生产的陶器茶具在一定区域内为品茗者所重视。

△ **六方抽角　现代**

高10.8厘米　宽5.4厘米

△ **双圈鼎壶　现代**

▷ **四方隐角竹顶壶　近代**

高12.6厘米　宽13.2厘米

壶身方中寓圆，刻隐角竹节纹，饱满圆湛，底、肩、口、盖，呈塔形叠砌，端庄稳重，有节奏之美。立面筋线，自下而上贯通。盖为四方隐角，纹线渐消失于盖顶。口盖为母子线可转换吻合，贴切紧密，盖内钤“大生”的名款。

四 其他茶具

△ **“千里”款嵌螺钿锡胎黑漆执壶　明晚期**
通高35厘米　壶长7厘米　宽6.3厘米
现藏中国国家博物馆。

古代茶具的种类很多，除上述提及的几类主要茶具外，还有一些茶具也自成一体，在茶具发展史上起过一定作用，只是由于存在时间较短，或形不成群体，或无法长期保存，或缺少实用价值，因此，常无专论记述。现择要简介如下。

1 | 琉璃茶具

“琉璃”，古人称之为玻璃或流璃，实是一种有色半透明的矿物质。用这种材料制成的茶具，给人以色泽鲜艳、光彩照人之感。我国的琉璃烧制技术虽然起步较早，但直到唐代，随着中外文化交流的增多，西方琉璃器的不断

◁ **卢栋制锡胎漆壶　清道光**
通高8.5厘米　长21.2厘米
壶，锡胎，仿紫砂壶造型，髹以枣红漆。壶身两面均阴刻隶书铭文，一面为“维唐元代和六年，岁次辛卯五月甲午朔十五日戊申，沙门澄观为零陵寺造常住石井栏并石盆，永充供养。大匠储髹卿，郭通以偈赞曰。”另一面为：“此是南山石，将来造井栏。留传千万代，各结佛家缘。尽意修功惠，应无朽坏年。同沾胜福者，超于弥勒前。”下署行书款“戊申六月，棻生抚零陵寺唐井文帛为茶具。”及篆书长方印“栋印”。“戊申”为清代道光二十八年，是卢栋六十岁以后的作品。

△ **雄晶雕蟠龙执壶　清代**

高20厘米

传入，我国才开始烧制琉璃茶具。陕西法门寺地宫出土的由唐僖宗供奉的素面圈足淡黄色琉璃茶盏和素面淡黄色琉璃茶托，是地道的中国琉璃茶具，虽然造型原始，装饰简朴，质地显混，透明度低，但却表明我国的琉璃茶具在唐代已经起步，在当时堪称珍贵之物。唐元稹曾写诗赞誉琉璃，说它是“有色同寒冰，无物隔纤尘。象筵看不见，堪将对玉人”。难怪唐代在供奉法门寺塔佛骨舍利时，也将琉璃茶具列入供奉之物。宋时，我国独特的高铅琉璃器具相继问世。元、明时，规模较大的琉璃作坊在山东、新疆等地出现。清康熙时，在北京还开设了宫廷琉璃厂，只是自宋至清，虽有琉璃器件生产，且身价名贵，但多以生产琉璃艺术品为主，只有少量茶具制品，始终没有形成琉璃茶具的规模生产。

2 竹木茶具

隋唐以前，我国饮茶虽渐次推广开来，但属粗放饮茶。当时的饮茶器具，除陶瓷器外，民间多用竹木制作而成。陆羽在《茶经·四之器》中开列的28种茶具，多数是用竹木制作的。这种茶具，来源广，制作方便，对茶无污染，对人体又无害，因此，自古至今，一直受到茶人的欢迎。但缺点是不能长时间使用，无法长久保存，从而失去文物价值。只是到了清代，在四川出现了一种竹编茶具，它既是一种工艺品，又富有实用价值，主要品种有茶杯、茶盅、茶托、茶壶、茶盘等，多为成套制作。

竹编茶具由内胎和外套组成，内胎多为陶瓷类饮茶器具，外套用精选慈竹，经劈、启、揉、匀等多道工序，制成粗细如发的柔软竹丝，经烤色、染色，再按茶具内胎形状、大小编织嵌合，使之成为整体如一的茶具。这种茶具，不但色调和谐，美观大方，而且能保护内胎，减少损坏；同时，泡茶后不易烫手，并富含艺术欣赏价值。因此，多数人购置竹编茶具，不在其用，而重在摆设和收藏。

3 漆器茶具

漆器茶具是指采割天然漆树液汁进行炼制，掺进所需色料，制成绚丽夺目的器件，这是我国先人的创造发明之一。我国的漆器起源久远，在距今约7 000年前的浙江省余姚市河姆渡文化中，就有可用来作为饮器的木胎漆碗。距今约4 000年～5 000年的浙江余杭良渚文化中，也有可用作饮器的嵌玉朱漆杯。至夏商以后的漆制饮器就更多了。但尽管如此，作为供饮食用的漆器，包括漆器茶具在内，在很长的历史发展中，一直未曾形成规模生产。特别自秦汉以后，有关漆器的文字记载不多，存世之物更属难觅，这种局面，直到清代开始，才出现转机，由福建省福州市制作的脱胎漆茶具逐渐引起了时人的注目。脱胎漆茶具的制作精细复杂，先要按照茶具的设计要求，做成木胎或泥胎模型，其上用夏布或绸料以漆裱上，再连上几道漆灰料，然后脱去模型，再经填灰、上漆、打磨、装饰等多道工序，才最终成为古朴典雅的脱胎漆茶具。脱胎漆茶具通常是一把茶壶连同四只茶杯，存放在圆形或长方形的茶盘内，壶、杯、盘通常呈一色，多为黑色，也有黄棕、棕红、深绿等色，并融书画于一体，饱含文化意蕴；且轻巧美观，色泽光亮，明快照人；又不怕水浸，能耐温、耐酸碱腐蚀。脱胎漆茶具除有实用价值外，还有很高的艺术欣赏价值，常为鉴赏家所收藏。

此外，古代还有用玉、石、玛瑙、贝壳、果壳等制作的茶具，但都没有自成一类，因此，在此不再赘述。

△ **剔犀云纹葫芦式执壶　明中期**

规　格：通高17.4厘米

现藏于北京故宫博物院。

△ **剔红龙凤爪棱式壶　明嘉靖**

通高15厘米　口径6.4厘米

壶盖圆形，纽雕火焰纹，纽周围雕莲瓣，盖上雕祥云、八卦。壶体有八开光，雕有龙凤纹和云鹤纹，柄、流均雕饰云纹，口边与足边雕对称莲瓣纹。底髹黑漆，正中竖刻“大明嘉靖年制”填金楷书款。

△ **黑漆嵌螺钿盖碗（一对）　明晚期**

口径9.9厘米

碗为收口，上有钮式盖，圈足外撇。通体以黑漆为地，上以各色螺钿嵌出祥云、蝙蝠、瑞鹿，寓福禄呈祥。碗盖钮、口沿、圈足之处均以红、绿黄色螺钿镶嵌。制作精湛。

△ **描彩漆牡丹纹盏托　清中期**

高8.7厘米　盘径17厘米

盏托，通体紫漆地描红、黄、绿、灰等色漆。圆托外绘四朵折枝牡丹花，盘内绘轮、螺、伞、盖、花、罐、鱼、肠、八宝纹，盘外花纹一周，足部绘蕉叶纹。

第五章

古代茶具的识别

一
古代茶具的识别方法

古代茶具，是中华民族博大精深的传统文化的重要组成部分。人们在鉴赏古代茶具时，了解一些茶具历史，懂得一些鉴定和欣赏古茶具的基本知识，就显得很必要，这不仅有助于对传统文化的了解，而且能提高对古代茶具真伪的判断能力，在领略和体察古代茶具的风范和品位中陶冶情操，获取艺术享受。

◁ **原始瓷壶　西周**

高14厘米　口径6厘米

此件瓷壶表面呈淡黄色，釉色不十分均匀光洁，以凸起的直棱为饰。

对古代茶具的鉴赏，可以从造型、工艺、纹饰、款识等诸方面把握其风格和特点。每一个时代，都有着自己的审美标准，这可从每件茶具的气质上反映出来。一般说来，唐代茶具具有雍容华贵的气质，在造型和纹饰上大多显得浑圆饱满。宋代茶具，具有轻盈和蕴含意境的特色，当时福建建窑生产的兔毫盏、鹧鸪盏，还有江西吉州窑生产的茶叶盏等都具有该特点。明代的青花茶具，在一段时期内，由于青花用料来自国外，再通过调配，因而使青花发色出现不同反差的时代特征。当然，鉴赏古茶具的最佳方式，是把茶具放在相同时期或不同时期的古茶具群中去比较，从中找出差异，去伪存真，去粗存精，以丰富自己的鉴赏能力。但这种方法，对众多古茶具收藏者来说，显然是难以做到的，因为他们身边根本不可能有较多的古茶具，这就要求收藏者掌握古茶具的一些制造知识和对造型、工艺、纹饰、款识等方面的识别能力。

△ **龙凤纹玉盖杯　汉代**

高18厘米

该器玉质呈青绿色，有黄褐色沁及蚀斑。盖顶镂刻蟠龙，外口沿作回纹，内口作子母扣。杯身纵向镂刻回首龙，充作杯把，外口沿作回纹，下饰浅浮雕龙凤纹样，曲线优美华丽。杯座上部作坡圆状，下为卷足。

1 | 古代茶具造型的识别技巧

古茶具的造型每个时代有每个时代的特征，鉴赏茶具首先就是对造型的鉴赏。各个时代造型风格的形成，受到社会政治、经济、文化的制约。古茶具的造型往往受统治者的爱好、意志所影响，例如明代嘉靖、隆庆、万历时，统治阶层崇奉道教，此时的茶具便渗透着道教的文化特色，大量的葫芦造型与八宝、八卦、八仙等纹饰被运用于瓷器茶具之上。古茶具器型的发展，还往往受到外来文化的影响，如唐代的凤头壶，就受到波斯文化的影响，特别是受波斯金银器具造型的影响。古茶具的造型与不同时代的经济发展和人民的生活状况密切相关，以盘口壶具为例，它自东汉至唐代作注水器具用，也可以点茶或者倒酒等。由于此时人们的生活习惯是席地而坐，因此壶具的造型装饰主要着重表现的是上半部。

为了适用，壶颈部大都有四系或六系，鼓腹平底。三国时期，盘口和底部较小，上腹特大，重心在上半部。东晋以后，盘口加大，颈增高，腹部变得修长。南朝时壶身瘦长，至底渐收，颈长，多桥形系。隋代起，壶形更加瘦长，盘口高而微撇，颈长且直。唐代盘口深，颈长，腹微鼓，平底，肩部大都六系。盘口壶的演变趋势是造型上由矮小发展为逐渐高大。

又如作为点茶注水用的鸡头壶，始见于晋，延续至唐初。西晋时的鸡头壶，鸡头短小，鸡头作流（嘴）用（也有只作装饰的），壶肩部有系，鼓腹，小底。东晋时，鸡头的口部由尖改为圆，冠加长、加高；壶柄作鸡尾形，上端与沿口相连，略高出口沿。壶身比西晋时要高。

△ **青釉侈口盏　三国**

口径9.2厘米

茶具发展到南朝，鸡颈细长，壶身增高，鸡冠高，口部也高，以肩部有双系的为多。隋唐时，鸡头更加修长，颈部细长，造型装饰和壶系制作也趋于复杂。唐代开始，往往把鸡头制成凤首，凤尖嘴就是壶的口流。唐代的凤头壶，受波斯文化的影响较深。

再如执壶，唐代作注水器用。盛唐时，口短小，腹部硕大，把手宽扁，壶的重心向下。晚唐时，颈部加高，嘴延长，腹上多有四条内凹的直线瓜棱。五代时，流与口部平直，壶底开始出现圈足底。宋代时，壶身多为瓜棱形，口流逐渐细而长，与之配套的还出现了注碗器具。元代执壶和明初相仿，壶身如瓶，多为“玉壶春”瓶形，手柄把高，流长，流与颈之间饰有“S”形饰物，流贴于腹上。

△ **青釉褐彩大写意纹茶盏　唐代**

高4.5厘米　口径15厘米　底径5.5厘米

古代茶壶器具，从唐代起，还有几种特色造型。例如唐代至五代流行双耳鱼形壶，鱼嘴为壶口，鱼尾为圈足，鱼脊为双系。宋代耀州窑、定窑、景德镇窑始烧制葫芦式壶具，以后元、明清亦然。宋代耀州窑还创烧提梁壶，其形为球腹，三兽足，小口，肩一侧有龙首流，肩部两端连以半月形提梁。明代隆庆、万历时亦烧提梁壶。隆庆提梁壶器型浑圆，提梁式柄。万历时提梁柄一侧有凸孔，便于穿系壶上的兽纽盖，壶嘴曲度大，壶身作瓜棱。僧帽壶始创于元代，明清仍继续烧造，明永乐以后风格趋于隽秀，品种有青花、红釉、白釉等。

△ **酱釉龙形提梁壶　唐代**

高19.7厘米　口径2.8厘米　底径11厘米

古代茶碗的造型，每个朝代也有各自的特色。唐代中期茶碗的造型为圆口微撇，弧腹；唐代后期的茶碗多璧形足，圈足极宽大，俗称玉璧底。五代始烧斗笠茶碗，宋代的制品最为名贵，斜直腹，小圈足，器形像一个翻转过来的斗笠，所以，宋代饮茶用注碗，以斗笠茶碗多见。折腰碗，始见于唐、五代，元代中期开始流行，元代的折腰碗造型特征是：撇口，圈足，碗下腹部折向碗底，足外撇，足壁厚，部分碗内印有“枢府”字样，故又叫枢府碗。宋代大量生产盏碗，以福建的建窑、江西的吉州窑产的黑釉茶盏最负盛名，造型上撇口、斜壁，小圈足。正德茶碗以明代正德时的产品最著名，此种茶碗，创烧于明宣德时期，造型上口沿外撇，腹部宽深。压手杯，以明永乐青花压手杯为最佳；造型为：坦口，折腰，滑底，顺口沿而下，胎骨渐厚，近底处较厚，握在手中有凝重之感。

明清时，茶碗造型的变化丰富，多种多样，其造型的各局部都有特征变化。此时习惯于用冲泡法饮茶，壶类器皿是沏泡茶用器，有些碗类也供沏泡茶用，例如盖茶碗即是如此，它往往是由托、碗、盖三部分组成。此类饮茶用碗具，造型复杂，其纹饰也有着各自的特点。

2　纹饰的识别

古茶具的纹饰与造型一样，在不同时代，有着不同的表现。纹饰题材反映出不同社会生活的审美意识。例如：古茶具上的莲纹，最早出现于东汉。随着佛教的传入，莲花成为圣洁之物。佛教在中国历史上曾有过多次起落，莲花纹饰也随之而几经盛衰。纹饰的题材，在不同时代，有着不同的表现形式。例如“岁寒三友”：松、竹、梅，在明清彩绘茶具中，表现士大夫阶层的个人气节。从纹饰装饰的特征，可以判断出它们的产生时代，如莲花纹，唐代莲瓣纹较粗大，宋代莲瓣则稍瘦，从这一点上，就可区分出茶具不同的时代特征。还有古茶具上的牡丹纹，元、明时期往往是画成缠枝花纹，花瓣不填色，留白边，叶多画成葫芦形；清代茶具上的牡丹，则大都与凤同画，清中晚期又往往把牡丹插入花瓶。

△ **黄釉碗　唐代**

高4.9厘米　口径16.3厘米　底径7.8厘米

敞口，圆唇，孤壁，圆饼足。里外施纯正的蜡黄釉至腹底，足露胎，胎呈米黄色。陆羽《茶经》中“寿州瓷黄，茶色紫”指的就是这类碗。

古代茶具纹饰的表现方法，是重要的鉴赏依据。例如：印花、刻花、剔花等纹饰，是唐、宋以前单色彩陶瓷茶具的常见表现方法。印花，是指用刻好的印模，在半湿的瓷胎上印拍纹饰。刻花，是指用竹刀或其他硬质刀具刻出纹样。此种装饰方法，在宋代的南北陶瓷窑场都有运用。剔花的装饰方法，最早见于北方磁州窑。就是在瓷胎上将花纹以外的部分用刀具剔除，使露出的花纹凸起，有浮雕之感。古茶具上的纹饰，用绘画方法表现的，目前可寻到的最早器物，是唐代长沙铜官窑釉下彩绘装饰的执壶、茶碗器具。宋、元时期的磁州窑、吉州窑等古陶瓷窑场，匠师们采用多种的表现方法进行绘画装饰。有时茶具用品上采用绘画，有时印、刻方法在同一茶具上被同时采用。绘画装饰器具，盛行于明清，这时的彩绘瓷茶具上，所画的题材有山水、人物、花鸟、走兽、虫鱼等，题材多样。明清彩绘瓷茶具的品种有：青花、玉彩、斗彩、珐琅彩、粉彩等。每一时期的每一品种瓷茶具，都有自己的特点，这些特点，是鉴赏古茶具应遵循的依据之一。

△ **登封窑雕剔花卉纹执壶　宋代**

口径8.9厘米　腹径10.2厘米　底径8厘米

古茶具上的纹样图式，即使是同一种图式，同一种表现方法，但在不同时期也都有区别。例如：古茶具上的龙纹，在唐代以前，采用捏塑、堆贴等制作方法成形。这个阶段的龙纹形象富有生气，为一般动物的模样，没有神圣、威严的意味。唐代以后，龙纹饰采用刻画、印模、绘画等手法装饰于器物。五代时采用刻画方法制平面纹样，龙首有角，却无双鬓，龙爪一般为三趾；和龙同时出现于同一纹样中的往往是云气、波涛或宝珠纹样。宋代时，龙纹开始成为帝王象征，皇帝自命为“真龙天子”。宋代的龙纹形象极有神采，象征着至高无上的天子。元代茶具上的龙纹有刻画、绘画、印花等，龙体像蛇形，龙头小，身子长，爪有三、四、五趾不等，以三、四爪为多见。此时龙纹大都画角，方格鳞，龙身矫健灵活；宝珠纹的火焰山一端往外喷射时，呈火焰燃烧带状。明代和清代龙纹是景德镇官窑瓷茶具的最常见纹饰。装饰方法主要有刻画、印花、绘画等，以绘画为主。龙呈蛇形，双鬓、双角，鬓毛齐全，爪三、四、五趾都有，以五趾为多。明代洪武、永乐承袭元代的风格。宣德龙身开始变得稍粗，并有飞翼龙出现，且延续到清代康熙、雍正时期；还有缠枝卷草形龙纹。嘉靖龙纹常见的是行龙，穿云破雾；还有正面龙，龙头在上，尾在下，四爪足分列于左右，头面对观者。

明代和清代的龙纹装饰曾一度禁止民间使用。茶具上的五爪龙纹仅供宫廷及祭祀用，民间不得使用。清代茶具上的龙，身躯较粗，形象比较和善。顺治、康熙时龙纹形象有明代中期的风格，较威严。此时有一种“过墙龙”，形体从器里面延伸至外壁。乾隆时的龙纹面部较和善，龙常与凤同时出现在茶具上，龙纹饰的寓意大为世俗化。嘉庆以后的龙纹，已失去权威感和神圣形象，更加世俗化。例如，龙凤呈祥、婴戏舞龙、二龙戏珠、划龙舟等世俗纹样大量出现于瓷茶具彩绘上。

在古茶具上，一些生活中常见的动物装饰图案，一直占有主要地位。例如鱼藻纹，大约自唐代起，鱼藻纹就被赋予“吉祥”的意义。宋代用鱼纹则更加普遍，定窑白瓷茶具，景德镇窑青白瓷茶具、龙泉窑青瓷茶具、以及磁州窑、吉州窑等的瓷器茶具上，随处可见年年（连年）有鱼（余）的图式。元、明清三朝茶具上的鱼纹更具特色。画鲑鱼，按鲑字的谐音贵，寓“富贵有余”之意。画鲶鱼，即连鱼，寓意“连年有余”。鱼纹饰在明清的瓷茶具中，无论民间窑还是

△ **蝴蝶燕子纹提壶　清同治**

通高12厘米　口径5.3厘米　底径8.5厘米

宫廷御窑的产品都是主要的图式。

植物图式也是古代茶具上常见的纹饰，在古茶具上较为多见的有朵花纹、蕉叶纹、团菊纹、卷草纹、缠枝纹、折枝花纹等。从宋、元时期起，每个朝代都有自己特色的植物纹式，明清时植物纹式应用很广，从图案学上讲，单独纹样、二方连续纹样、四方连续纹样、连合纹饰等都有。

△ **渔樵耕读纹提壶　民国**
通高7.8厘米　口径5厘米　底径6厘米

人物作为社会生活的主体，历来是被描绘最多的图式。古茶具中的人物图式，表现描绘最多的是婴戏纹。婴戏纹在明清彩绘瓷茶具中，内容丰富，无论是釉下青花瓷，还是各式釉上彩绘瓷，都可找到。人物有写实工整的，也有采用简笔风格比较抽象的。孩童的形象折射出人们对天真烂漫和社会安定、多子多福的祈盼。古茶具上几种人物图式彩绘出现的起始朝代大约有以下几种：渔樵耕读，出现于清康熙时期，以后时期继续沿用；婴戏舞龙，始见于清乾隆时期，晚清时特别多；西洋妇女，清乾隆时较多，清道光以后少见；八仙图，以明嘉靖时为多，晚清时亦多。

自宋以后，元、明清三朝，彩绘瓷兴盛，大量历史人物故事出现在古茶具上，道教、佛教故事人物也有图式表现，如张天师折五毒、达摩渡江等。鉴赏人物茶具图式，主要看画工。明清人物故事装饰，大凡盛世时期，题材高雅，绘画精细；社会动荡时期，则画工草率，追求笔简意深。

古茶具上的纹饰，除以上所罗列以外，还有很多种类。例如，文字诗句在彩绘瓷茶具中，一直被广泛运用。这些诗句，不仅使用汉字，而且还有回、藏、满、梵等文字。对文字的鉴赏，应从书法特点上着手。

3 | 工艺的识别

古茶具的工艺鉴赏是鉴赏中的重要环节。这些古茶具，在每一个时期都有工艺制作上的特色，其所用的原材料，与工艺成型、加工等都有所区别。这些区别，正是鉴定的依据和欣赏的内容。例如元、明清三朝的青花瓷茶具的青花料配方与发色，尽管同样使用以氧化钴为着色剂的青花料，但发色上却有很大区别。这些区别，可以帮助鉴赏。元代与明初时，用从西域进口的青花色彩料——苏泥麻青，其成瓷后的发色特点是凝重幽艳，光彩稳定，有铁锈斑点，浅处色泽如青靛、天蓝色，器物表面微凹不平。至明成化到嘉靖中期，景德镇烧造的青花茶具，用江西本地产的平等青，发色较淡雅。明正德、嘉靖、隆庆、万历时，景德镇青花茶具使用一种进口青料——回青，发色特点是蓝中泛紫。明代中期，景德镇民窑用产于江西上高的石子青色料，发色特点是浓中带灰。清代康熙、雍正、乾隆三朝，用产于云南的青料，其发色鲜艳，鲜明青翠，以发出纯净的蓝色为标准。可利用这些不同的青料配方的不同发色，推算出古茶具产生的大致时间。

古茶具不同的成型工艺，造成了器型的不同特点。例如：唐代邢窑白瓷茶碗的唇口为实心，窄边有浅槽。唐代、五代时的曲阳窑白瓷茶碗，唇口为空心，宽边。明清景德镇窑产的瓷茶壶，大都是由几部分粘接成型，常可看到有接痕存在，这种接坯痕迹，特别是民窑烧的茶具产品，很易发现，官窑器虽采用装饰遮掩，但仔细观察仍可看到。

陶瓷茶具的装烧方法，也是鉴赏的依据之一。唐代采用垫具支烧，底部大都不施釉。北宋官窑、汝官窑、均窑的部分茶具产品，用精细的垫具支烧，支钉、支痕极小，很有特色。北宋中期以后，景德镇窑产的茶碗采用砂圈叠烧，定窑也有此类产品，所谓的“芒口器”，就是指这样装烧方法烧造出来的器具。南宋官窑、龙泉仿官窑茶具，在茶具圈足内，用小垫饼垫烧，或用大垫饼垫圈垫烧，底足圈不施釉，由于瓷胎含铁量高，故称“铁足”。明清景德镇窑瓷器烧造，采用匣钵护烧，成品率增高，又很少遗留痕迹在茶具上。

△ **粉彩仕女执纹壶　民国**

通高13.8厘米　口径7.6厘米　底径8.5厘米

古茶具的工艺，特别是陶瓷类茶具的工艺制作、原料、烧成等特点，对于鉴赏其生产时代均有重要意义。

4 | 款识的鉴赏

款识亦叫铭文，是茶具装饰的附属物。款识的内容、格式、字体、书法等，都可显示出时代的特征。款识的内容主要是表明茶具的创作时代、产地、作者、用途、收藏者等。学术界往往把此归纳为：纪年款、堂名款、人名款、赞颂款、吉祥款等几大类。所以，款识鉴赏历来为研究者所重视。

△ **沈存周款锡茶壶　清代**
通高12.9厘米　口径6.1厘米

△ **朱坚款锡茶壶　清代**
高9.2厘米　底径9厘米

纪年款是在茶具上标明制造的时间。明永乐以前的年号款识很少，目前发现的茶具也很少。永乐以后，形成定制，为每朝每代所延用。如写“大明宣德年制”“大清乾隆年制”等。还有些茶具标明制造的时间，这在清末特别多。有堂名款的茶具大都是景德镇窑烧造的，名称十分丰富，分私家烧瓷款、藏瓷款、斋堂款等。堂名款在明代后期到清代皆有，清代尤其流行。人名款，是铭古茶具制造者或订制者的姓名，常常与纪年、吉言等内容结合在一起，以清代的人名款最为丰富。赞颂款大都是描写自己作坊的产品如何精良，工艺质量如何高超等。明代茶具中常写上“××佳器”“××美玉”等，早在宋代，景德镇窑烧造的茶具上就有此广告意味的款识，但明清最为盛行的吉祥款是茶具上的吉祥语句。宋、元时期就有吉祥款，明代从洪武朝起，非常兴盛。例如：明正德时的“天下太平”，明嘉庆、万历时的“万福悠同”“食禄万钟”“福寿康宁”等。不过明清茶具上往往只写一个字的吉祥款，如“福”“善”“贵”“万”等。

古茶具的款识还有图记款、赞颂款等。明清瓷茶具上的文字款识颇为丰富，它既是鉴赏的依据，也是民俗文化的一种表现形式。

唐代的陶瓷茶具，如越窑、长沙铜官窑产的茶具上都发现有款识文字。现藏上海博物馆的一件越窑执壶腹部上刻有“会昌七年改为大中元年三月十四日清明故记之耳”21字。“会昌”是唐武宗李炎时期，李炎共统治了6年（841—846），而“改为大中元年”，是指唐宣宗李忱继承皇位（847）后改年号为大中。长沙铜官窑在1964年长沙市文化局已有调查的基础上进行了重点发掘，发现了带有大中九年、十年，元和三年纪年的器物与印模，为长沙铜官窑的烧瓷历史，提供了可靠证据。长沙铜官窑的古茶具上书写文字的很多，如其中一件执壶上就题有诗文：“人归千里去，心画一杯中。莫虑前途远，开坑（航）逐便风”。宋代，茶具上留下款识的数量更多，有年号款、吉言款、匠人作坊姓名款和常见的“×家造”的宣传广告款。元代茶具的款识较少见，其他器具的款识尚有一些，如江西发现的一件青花釉里红盖罐，颈及肩部有“大元至元戊寅（1338）六月壬寅吉置刘大宅凌氏用”的款铭。明代永乐以后，茶具上书写或印刻款识之风又盛行起来。一般，官窑器用“××制”，民窑用“××造”，如“大明成化年制”“大明成化年造”。前人总结明代款识的规律是：永乐款少，宣德款多，成化款肥，弘治款秀，正德款恭，嘉靖款杂。清代无论官窑还是民窑的陶瓷茶具，以及其他质地的茶具，都有款识。字体有楷书、篆书、行书和名家体等。官窑瓷茶具年号款的基本规律是：清顺治、康熙二朝盛行楷书；清雍正时篆书、楷书并用；清乾隆时篆、楷并用，篆多于楷；清嘉庆至清末楷书与篆书并用。民窑瓷器茶具，在清康熙、雍正、乾隆三朝纪年款较少见，这与当时官方的禁令有关，而常见的是吉祥语句款，如“善”“雅”“富”“慈福”“寿山福海”“状元及第”等。清中期，民窑茶具也有纪年款，但字体草率，不甚规矩。

△ 仿雕漆碗 清乾隆

二 古代茶具赝品的一般识别

古茶具的赝品，目前市面上时有所见。历史上，对前代茶具进行仿造，有两个原因，一是出自对前代著名瓷器和著名艺匠的羡慕，并非存心作假。例如：明正德年以后，官窑瓷出现写前代寄托款的情况，清康熙、雍正、乾隆时也都曾有过奉旨仿造前代著名瓷器的事。其二是以获取商业利益为目的而制造赝品。当前一件古代著名瓷窑制造或名匠制造的古茶具，其文物价格惊人，从而促使一些投机者制造赝品，以牟取暴利。

识别古茶具赝品，首先必须仔细观察器具的成型工艺、图案的笔法和款识文字的字体，再结合胎质、釉色等认真推敲。还须从每个时代的不同风格特点对比入手，将真假茶具相互对照。为此，可先看书籍上的有关图片，有条件的鉴赏者，可去博物馆看几件同时期的实物。对于彩绘古茶具的赝品识别，可注意彩料的发色，一些彩料的配方与今天的配方往往在化学成分上有一定的区别。烧制陶瓷茶具的窑火也有别于古代，今天的窑温一般都高于古代，发色往往很艳丽。近十多年的一些赝品制造者，其文化素养和对古代茶具的研究态度远不及前人，故制造出的赝品茶具很粗糙。

▷ **莲瓣纹银托、银盏　明代**

△ **胭脂釉盖碗　清雍正**

直径6.3厘米

"雍正年制"楷书款。

清代和民国时期有些制伪者技艺非常高超，所制赝品几乎可以乱真。所以，高水平的赝品，本身就具有一定的价值。但尽管如此，对仿伪之作，通过仔细观察，认真比较，仍可找出破绽。例如：明成化青花缠枝莲碗，高6.8厘米，口径12.5厘米，足径5.3厘米，敞口、深腹、圈足；碗内光素无纹，外口沿和足墙上各绘有青花线纹共六道，碗腹绘折枝莲四组共十二朵；碗足底中心凸起，青花双圈内楷书"大明成化年制"双行款；胎骨洁白纯净，胎体轻薄，在光下透视闪肉红色，足边露胎与釉衔接处现火石红色；釉面肥厚滋润，微显牙白色；纹饰绘画笔法秀逸，线条柔和自然，富有清新典雅的艺术效果。而清康熙仿成化青花缠枝莲碗，在造型上与成化碗一致，几乎看不出什么差别和破绽，若详细观察，仿品就会露出和真品的不同之处：真品的胎从底部向口部渐渐减厚变薄，线条圆润柔和，仿品胎体各处厚薄一致；真品釉质釉色已如上述，仿品的釉洁白、细腻、光润、无肥厚感。真品青花色泽淡雅，仿品艳丽；真品绘画线条柔和自然，仿品却显得拘谨、有力；真品款识字体刚劲有力，笔道粗，字体肥，圆拙有力；仿品款识笔道纤细，

△ **粉彩百蝶茶壶　清光绪**

高13厘米

"大清光绪年制"款。

字体过于工整秀丽，显得骨多肉少（摘自1991年12月22日《中国文物报》，陈润民文）。又如：明宣德釉里红三鱼纹高足碗，高8.8厘米，口径10厘米，足高4.8厘米，足径4.5厘米，口微撇，丰腹，高足，足微外撇；细砂底，用手摸有润滑感；通体白釉，釉面有橘皮纹小棕眼，外口边及底边积釉处釉色浓郁；三鱼纹在施彩釉时，为了表现鱼纹生动，运用了特殊技法：先用胎泥做三鱼胎于碗的外壁，使人感到龟纹微微凸起，将含有铜红的彩料涂于鱼纹上，再罩上透明釉烧制，三鱼鲜红；在烧制中由于铜分子的游动，使鱼的头、翅、尾部显青色，非常生动活泼。鲜红色的鱼，在白釉的衬托下，仿佛游弋于水中。雍正仿宣德釉里红三鱼纹高足碗，造型、纹饰、款识与宣德真品基本相同，但仍有一些细微差别：而雍正仿品口部外撇程度比真品小，腹部比真品深。形制上也略有差别：高9.4厘米，口径9.4厘米，足高4.9厘米，足径4.5厘米；细砂底没有真品光润，三鱼纹的红色发黑，鱼的头、翅、尾不泛青；口边及底边的积釉处呈青蓝色，釉面的橘

△ **天青釉倒流壶　清代**

高12厘米

皮纹棕眼非常细小。在款识方面：真品、仿品均写在碗心，但宣德真品字体大小不一，笔法遒劲有力，雍正仿品的款识字体过于规整，笔法拘谨无力。在胎、釉方面：真品胎薄，釉面呈乳白色，细而光润，仿品胎较厚，釉面呈青白色，较坚实（摘自1991年11月3日《中国文物报》，叶佩兰文）。

目前市面上的一些古茶具赝品，表面"做旧"的方法大致是采用过强酸浸泡，把表面的新制"火气"清除，然后，用细砂轻度打磨，再用胶液将泥土或尿垢等黏附于表面。制作开片瓷釉表面的裂纹线，往往涂以高锰酸钾或其他有旧色调的化学液体。此类作旧过的古茶具，识别时应注意：强酸泡洗过的表面，虽"火"退了，但退光很不自然，不柔和。其实高温烧制的瓷茶具的表面釉层，即使强酸泡洗后，也难把"火气"褪净。而用细砂打磨的表层，在阳光或灯光下，常常可发现打磨的条痕。用胶液黏附于表面的泥土或尿垢，可用水反复清洗，一般胶液在水里的黏附性较差，几次水洗就可清洗掉表面的物质。这些是对采用上述制伪方法的识别法。

△ **白玉菊瓣纹灵芝纽盖碗　清乾隆**

高9.3厘米

对于古茶具赝品，主要还是通过了解赝品的制造工艺和纹饰特点去以识别。例如：陶瓷类古茶具的制作，一般性赝品往往都是采用石膏模具吸附泥浆的原理注制胎体，此种胎体的厚薄较均匀，没有修胎留下的修刀痕迹，而常留下模具间的接坯印痕。纹饰上，划刻纹用刀的熟练程度不及古人，线条硬直，无流畅感。彩绘纹样，多半采用模印拍痕后描线填色，线条给人以轻飘飘的感觉。遇到长线，常出现打结或断线的情况，若是人物或动植物等，则形象呆板而无生气。古代陶瓷茶具的制作，全部采用手工拉坯成型，常常在胎体上留下修刀的圈迹；纹饰刻划生动活泼，有韵律感；彩绘用线气韵生动，一气呵成；人物或动植物的造形有生命感。

识别古茶具赝品，还要了解同时期同类古茶具的制作工艺和纹饰特点。例如，鉴别明永乐的青花瓷压手杯，应了解永乐时，青花色调浓艳深翠，瓷胎较薄，釉面肥亮；清代所仿明永乐压手杯，则器型较真品略大，胎体厚重，纹饰粗

△ **白玉碗　清乾隆**

直径11.3厘米

犷。永乐压手杯的中心纹样应是双狮滚球或鸳鸯、花心；清代的仿造品上出现过龙纹，这与原物简直是差之千里。又如，清代康熙仿成化斗彩瓷鸡缸杯，底部或写成化款或具本朝年号，虽康熙仿品的彩色鲜艳，但与成化相比，仍黯然失色，釉面亦不如成化器肥润。再如，民国仿康熙珐琅彩茶碗，器型与传统的康熙茶碗明显不同，器里釉面泛粉白色，色彩不及康熙珐琅彩浓艳透亮，纹饰的层次不清。一些精细的仿品，如画牡丹的粉紫地珐琅彩茶碗，虽色彩柔和，但纹饰拘谨，过于细腻。民国时仿造的珐琅、纹饰画意板滞，还常出现“大清御制”等款识上的错误。

识别古茶具赝品，要求鉴赏者有一定的文物鉴赏知识，要尽可能多看多摸文物；还要求鉴赏者掌握一定的古茶具历史知识，同时，对于古茶具的生产操作程序要有一定的了解，并对古瓷赝品的制旧方法和历史上著名茶具产地的产品，其胎、釉、制作工艺、纹样、款识等特征有一定的研究。

第六章

古代茶具的修复

中国的饮茶历史悠久，要将千百年来的精美茶具完整无损地保存下来，是几乎不可能的。所以，时至今日，大部分古茶具都已有不同程度的破损，修复和收藏好这些人类文化优秀遗产，已成为文物工作者与古茶具爱好者共同关心的问题。

由于古茶具的品种繁多，每一件古茶具的破损情况又不一样，茶具的质地也有区别，因此，修复古茶具的工艺也较复杂。而大部分的古代饮茶器具的质地是陶质和瓷质，所以，这里主要介绍陶瓷茶具的修复方法。

古茶具的修复，包括两种类型：即一般研究与收藏性修复和商业流通性修复。一般研究与收藏性修复，只要清洗干净器物表面的污垢，把破损部位加以修补即可。商业流通性修复，需要把破损的古茶具还原到本来面目，展售时，使人很难辨认出损坏的痕迹。这需要有高超的修复技艺，还需要具备一定的文物鉴赏等知识。

这里所介绍的古茶具修复，主要是一般研究与收藏性修补的知识。这种修补，首先要对修复对象的纹饰、表面色泽、制作工艺和破损程度等进行细致的观察与分析。然后，对古茶具的原来造型做出肯定的判断，再选择必要的材料，按修复程序进行修整。同时，还要根据器具的损坏程度，选择修复的操作方法。不

△ **白釉碗　宋代**

口径14.2厘米　高4.1厘米

此碗胎体轻薄，胎质细腻，釉色亮丽自然，白润如玉，保存完好。

△ **影青釉刻菊瓣纹花口碗　宋代**

口径21厘米　高7厘米

器型周正，古朴大方，花口，器身刻花卉纹饰，施影青釉，釉质细腻，保存完好。

能不论破损程度，都采取同样的方法、同样的原材料、同样的修复工艺操作。古茶具的破碎、断伤、脱釉、开裂等情况都不一样，盲目进行修复，反而会使古茶具的破损度扩大。目前，常会看到一些经过修补的古茶具，由于修复操作不当，而使破坏加大，这就是盲目修复的结果。

我国古代十分重视对破损器具的修复，对于一些颇具价值的器物，修补得都很仔细。几十年前，在城乡各地都随处可见修补匠的身影，从生活用具到陈设品，破损了都可以请修补匠进行修补。现在从事器具修补的人员已经很少了。对于有收藏价值的器具的修复，除了博物馆有文博专业的高校毕业生、大的文物保护单位的少数懂行人员外，其他的地方已很难找到这种专业人才了。

以下是结合大量的实践，加以整理总结而成的古茶具收藏方法与修复的操作程序。

△ **龙泉窑青釉印人物碗　元晚期**

高9.2厘米　口径14.7厘米　足径6.2厘米

直口，厚胎，裹足包釉，底心点缀一块釉斑，涩圈上隐见垫烧前，釉呈油青色，外壁刻花卉，碗内壁模印人物纹二组，间以“窦氏女”“买秦”文字点题。阴文印花是元代龙泉窑的主要装饰手法，而碗心刻“成”字铭，足底有釉斑现象。

一 古代茶具的清洁技巧

古茶具的清洁，是修复的第一步。无论是从地下出土的茶具，还是辗转流传的传世茶具，都可能受到过自然酸碱侵蚀和人为损坏。虽然古茶具中的陶瓷茶具化学稳定性较好，但仍然会沾有不同程度的污垢。清洁的目的，是将修复表面和破裂部位的污垢清除掉，为修复和更好地收藏做准备。在清洁以前，先要对器具的胎面、纹饰和清洁的部位进行认真仔细地观察和分析，找出哪些是应该保护的遗迹，哪些是需要清洁的部位。不可把古茶具上的历史遗迹全都清洗掉，例如：茶具上的彩绘纹、刻画纹、款识、釉面等。对于陶瓷古茶具，一些古人制作时的手感和在烧制过程中的熏烧迹等，需注意保持原来的面目。

对于古茶具表面的浮土，可首先用硬毛刷施行干刷。若是器物的修补部位沟缝内有土锈或油迹等杂物，可用牙签等尖利工具将其剔除。然后用洗净剂或肥皂水等溶液浸泡和刷洗，去除表面的污垢。此种清洁方法，不适用于那些胎质松软或风化严重的低温陶器茶具、遇水后易酥解的茶具。

△ **影青瓜棱执壶　宋代**

高17厘米

△ **酱釉印花小执壶　金代**

高31厘米

对于古茶具表面的铁锈和碱锈等污垢，可用化学药剂来清除。但使用此种方法，要有能力识别出古茶具表面的污垢是什么成分，具备一定的化学知识。如古茶具表面上有碳酸钙镁盐等碱锈，除垢可用稀释后的盐酸（氢氯酸）或甲酸（蚁酸）溶液。清洗器物一般采用棉球蘸取酸液，在污垢处反复进行擦拭，直到把污垢清除。再用清洁的水（最好是蒸馏水）反复冲洗，直到把酸液漂洗净。用盐酸或甲酸稀释液去垢，要注意不能破坏器具的胎体和表面纹饰等。对于有脱釉或斑驳釉面等的陶瓷茶具，不可采用此法。而对表面含有铁锈和有色土壤黏附物的器物，可用高锰酸钾清除，清除后用草酸水淋洗。

△ **青花花卉圆执壶　元代**

高11厘米

若古茶具沾有油渍等污垢，可用有机溶剂清除。例如：用毛笔或药棉蘸汽油在茶具上反复擦洗，待茶具上汽油全部挥发后，再用酒精擦洗干净。这种清洁方法，在古器皿的修复中经常采用，特别是用于那些不能用水清洗的陶器。

古茶具的清洁，除上面介绍的几种以外，还有很多方法。古茶具清洁的目的，是为了更好地收藏。这种清洁，不是以日用为目的，而是为了能反映出古茶具的本来面目，获得较好的展示效果。

△ **青花花鸟诗文壶　清康熙**

高18厘米

古茶具的文物价值和经济价值，提醒我们在清洁时，应以不伤害文物为基本目的。对于外层因年久剥落的古茶具，在清洁时不宜用酸性溶液涂刷。对于风化严重的古茶具，不宜用水及其他液体浸泡。

文物保护的要求，往往是需要保留文物的历史遗迹。锈垢本身是年代久远的反映，这就要求在清洗古茶具时注意适当保留些古文化的痕迹，这样会使古茶具更具有文物价值。清洁古茶具时，只要不影响其艺术特色，就应保留锈蚀。

△ **青花八吉祥纹盉壶　清乾隆**

高20.7厘米

二 古代茶具的修补与加固

古茶具的修补与加固，其目的在于更好地收藏，它对保护古茶具，以及提高古茶具的文物价值和艺术魅力，具有不可低估的作用。

1 古茶具的修补

修补前需先对破损进行拼核，弄清碎片所处的部位。如果不先拼核一下每块碎片的位置，一旦修补出现差错，将会给操作者带来更大的困难，甚至造成新的破损。

通过拼核，明确被修茶具对口的部位，然后将可接口的碎片，用黏合剂黏补。对于缺少碎片的残破处，进行修补。

△ **玛瑙松树纹壶　清乾隆**

高8.5厘米

目前市面上出售的黏合剂种类很多。修复古茶具用的黏合剂，可去市上购买，也可自行调配。为使修复后粘接牢固，可根据具体情况用不同性质的粘合剂。例如修补陶质茶具，可使用“502”黏合剂。修补时可先用聚醋酸乙烯乳涂在接口部位，这可防止吸水率高的陶胎大量吸收胶液，经干燥30分钟左右，然后涂“502”黏合剂进行粘接。

△ **寿山石雕山水人物山子壶　民国**

高18.5厘米

一般从商店里购得的黏合剂，都有使用说明书，只要操作者遵照使用说明书使用即可。传统修补陶瓷茶具用的黏合剂，一般自行调制，例如使用虫胶进行粘接时，事先可将虫胶制成虫胶砂和虫胶棍。制作方法为：取虫胶片适量，放在盆中注水溶化成糊状，然后取出糊状的虫胶揉搓成棍状；亦可把淘洗干净的砂子倒进虫胶糊盆中，再放进炒锅内在火上翻炒，搅拌均匀后取出备用。在修补器具时，可将虫胶砂子填补在器具的缝隙中，经火烤加热后（一般用酒精灯），起填补黏合的作用。过去民间修补匠常用此法修补陶瓷器具，不过现在已逐步被性能更好的黏结剂所取代。古茶具修复用的黏结剂很多，目前市面上都有出售，例如环氧树脂黏合剂、三甲树脂黏合剂等。

△ **墨彩山水壶　民国**

高10厘米

古茶具破损后的粘接方法，一般采用以下几种。

一是直接对粘法。此法在古茶具修复时用得较多。操作时，先把清洁好的碎片断口部位，正确地吻合拼对，用棉球蘸取黏结剂涂在断口处粘接。要注意碎片破损部位的吻合，防止错位。此种对粘法，需要注意的是：断口处一定要清洁，粘接时要按顺序进行，各块残片先粘与后粘一定要心中有数，不然往往会造成误差，无法使器具还原。涂粘合剂应使匀薄，以吻合后用手挤压流出胶液为适度，防止用量过少或过多。注意黏结后及时擦净多余胶液，保持断口对正挤严，避免断片移动，防止产生偏差。

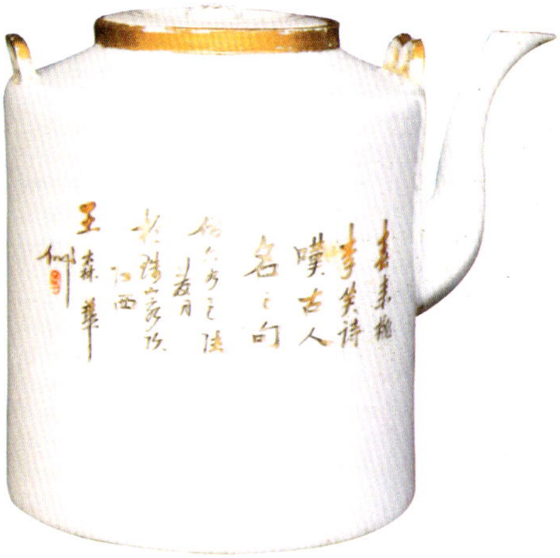

△ **桃园三结义纹提壶　民国**

通高18.6厘米　口径9.3厘米　底径16厘米

二是注射粘接法。此种方法，适合于破损严重无法直接对粘或器具有少部分缺损时采用。粘接时先将碎片各自就位，用粘土（或橡皮泥）把断片固定，其中有一面需堵严，以防注射胶液时胶液外流。此种粘接法，首先应注意的是断片的定位不能有差错，否则纠正十分困难。其次在堵严一面时，粘土（或橡皮泥）要嵌进断裂处一定的深度，以保证不漏胶液。灌注胶液时，沿着缝隙进行，注意清洁和排除缝内空气，等胶液固化后，挖去另一面固定用的粘土，待清洁后再注射胶液黏合。

三是采用“502”黏合剂和热固型环氧树脂胶的快速粘接法。此法主要运用于破损不太严重的器物。使用“502”黏合剂快速粘接时，因“502”胶渗透性强，固化速度快，往往还未完全对正茬口就已固化，因此在黏合前，应先将器具断片拼好对严，用手轻轻挤压两面对接部位，不要使断片移动，同时沿接缝处由最高点向下往缝内滴注“502”胶；随后用棉球蘸少量丙酮将接缝处外溢的胶液擦拭干净。注意棉球不宜太湿，以免将丙酮渗进裂缝里，而影响粘接强度。此种方法还可用乳胶先进行处理（陶器的吸水率较强，“502”胶溶液易被吸收）。处理时先将乳胶稀释，涂在接口处薄薄一层，待干燥后再使用“502”胶。

对于使用热固型环氧树脂黏合剂，操作时，先把碎片用上述粘合剂黏合，然后

△ **粉彩开光壶**

高19.5厘米

用酒精灯在接缝处烘烤，黏合剂遇热会迅速固化，冷却后即粘接完成。此黏合方法，仅适合于陶瓷质地古茶具，而不适合于竹木、玻璃、漆等类质地的古茶具。采用这种方法需注意烘烧时把握火候，不要把胶液烧焦。

若古茶具破损部位的残片已不存在，不能通过粘接方法恢复时，还要选择适当材料进行修补。这类修补材料品种很多，需根据具体情况而定。毛晓沪先生在《古陶瓷修复》一书中，曾列举出八种修补材料配方。其实修补材料配方远不止这八种。下面介绍几种常用的修补材料的配方。

在目前的古器具修补行业里，常用的最简单的方法是用石膏粉加水调配后进行修补。石膏加水膨胀成固状，色泽为白色，易着色，价格便宜，较适合于一般性修补。但石膏的机械强度低，易受潮，碰撞后易脱落，给收藏带来困难。

第二种配方是在石膏里加白水泥和乳胶，配比是一份量的石膏，加三份量白水泥，用乳胶及少量的水搅拌均匀。此种配方中，也可加入少量细砂，来增强修补面的强度。

第三种是将虫胶片溶于乙醇，成漆状后（比例是3：1），加2倍~3倍的钛白粉，搅拌均匀后使用。此方法能得到深黄色及较好的光洁度，较适合于古代陶茶具的修补。

第四种是用丙烯酸清漆加滑石粉、钛白粉（相等的比例）配制。上述材料搅拌均匀后软硬适度即可。此配方适合于古代精细瓷茶具的修补。对古代精细瓷茶具，也可用同样瓷器的碎片磨成粉末后，调进一定量的乳胶进行修补。此方法适合于有局部裂缝或小面积破损的古茶具。

△ **水墨彩绘竹林、人物盖碗　民国**

通高10厘米　口径10.8厘米

△ **人物纹执壶　清代**
通高6.9厘米　口径10厘米　底径7.4厘米

古茶具的修补方法有填补、塑补、模型修补等之分。填补适合于无装饰花纹的茶具缝隙及小面积部位修补。用填补法时，应视古茶具的破损程度，采用不同的配补材料。在修补茶具小面积短缺的部位时，可用粘土或硬纸等把一面遮挡卡牢，然后在另一面进行填补。若面积较大，可灌砂子加强机械强度和可塑性。但注意不要损伤古茶具原来的表面。塑补法适用于有雕塑技巧造型损伤的古茶具，修补时把修补材料粘在缺损部位上进行雕塑成型，或把塑造好的残缺部分粘接上去。修补时可先涂黏合剂，然后补上残缺的部位，并塑出原茶具破损处的造型。

模型修补法适用于破损面积较大的器具。例如茶具足部或耳、颈部断缺等，均可采用模具成型打样范模塑造进行修补。此方法可先用黏土按原器具的造型捏塑出残缺部位，然后用石膏或黏土等翻制出模具，再用修补材料注入模具，成型后取出干燥，用粘接材料黏至破损的器具上。制造模具时，要考虑修补材料注入模具后是否利于取出。也就是在开模具时，应将模具分成几块，才能把浇注物取出。

对于较复杂的古茶具残破部位，可采用塑形蜡模法修复。就是根据茶具残破情况，捏塑出损伤部位的造型，用蜡翻制模具。由于蜡模极易损伤，因此要小心模内每一棱角的造型，不然灌出的残破部分，难与器具破损处吻合。

古茶具的修补方法还有多种，例如制造出与破损处质地一样的残片进行粘接，在市场上出现的赝品多用此法。例如，江苏宜兴的一些紫砂茶具工艺师，若发现有明清时代名匠的一块有“特色”的紫砂残片，即可修复出名匠制造的完整的紫砂茶具来。景德镇也有这样根据款识瓷器残片制伪的工匠。

2 | 古茶具的加固

古茶具的加固就是利用粘合剂或其他物质来提高器物表面的牢度与强度，对器具出现的断裂现象，采用适当措施防止继续增大，对器具表面出现的剥落、风化等进行保护性加固，以及对已修补的局部采取保护性的处理等。

古茶具的加固方法要视加固目的而定。例如：一些表面已开始风化的茶具，对欲剥落的表层，可采用喷涂环氧树脂黏合剂、丙烯酸清漆等进行强化处理。喷涂方法可参照产品的使用说明书。对于已出现裂缝的茶具，可用“502”黏合剂沿缝隙滴注加固，但要注意把表面的残留黏合剂及时擦净，以免留下滴注痕迹。另一种加固的方法，是采用玻璃钢来加固易损的器具。此法适用于防止在运输过程中造成的茶具破损。使用此法时，先要在古茶具器皿表面涂上一层肥皂液，然后将玻璃纤维布平铺在器具上，涂上一层环氧树脂，用刷子刷平后，再进行几次同样的操作，达到一定的厚度后即可。此法适合于无雕刻阴阳纹饰的茶具。有雕刻的茶具，则要看纹路是否适合于取模，否则有可能使保护模具取不下来。运输过程结束后，只要清除玻璃布，把皂液清洗干净即可。

给古茶具加固的方法还有很多，要根据具体情况加以选用。其基本原则是，选用的方法不能破坏器具，若是一些方法可能破坏器具，就不该采用。

△ **墨彩花卉提壶　民国**

通高9厘米　口径8.6厘米　底径5.5厘米

器型较少。以墨彩绘牡丹，局部描金，已脱落，花卉线条有力度。

第七章

古代茶具的做色与做旧

一 古代茶具的做色

对于一件需要修复的茶具，首先要考虑的是它的基本颜色。例如：青瓷是以青绿色或黄绿色为基调，紫砂器是以紫褐色为基调等。确定出器物的色相后，还要注意研究分析其表面的色彩变化情况。往往每件待修复的器具，表面色彩都有一定的变化，特别是古陶瓷类茶具，往往烧成后都留下一定的窑火熏烧出的陶肤烧色，还有一些茶具本身是由很多种色彩构成的，例如宋、元时的钧窑茶具就是如此，这就需要注意几种色彩的过渡与其相互间的联系。应根据不同的实际情况拟定出做色方案，然后对调配色彩进行估计，往往涂一小片色彩，也要经过十几遍试验才能与原色调接近。

调色前要准备好调色板和调色刀等工具。然后确定出各种颜色的用量，取适量基料放在调色板上，用稀释剂进行稀释。一般把握色调的过程，须遵循由浅到深的原则，这样可以避免色相过深而造成浪费。另外，往往调好的颜色，湿的时候与干后有深浅变化，这就需要做一下试验，估计出干后的发色情况。

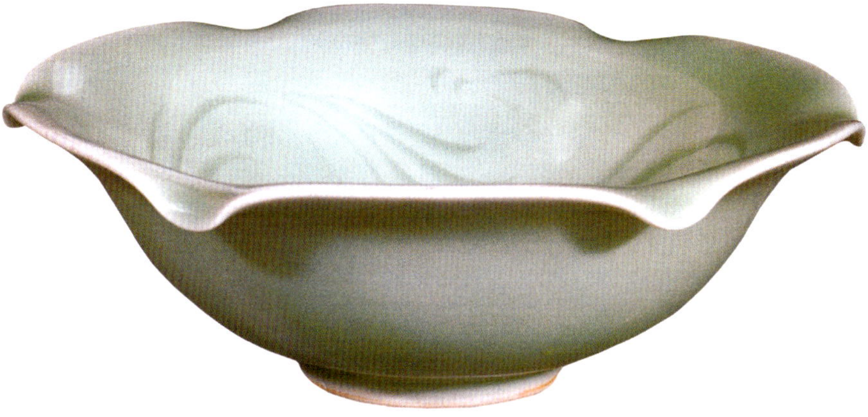

△ **龙泉窑粉青釉变鱼花口碗　宋代**

高14.3厘米　口径13厘米

此碗器型优美，线条流畅，碗内印双鱼纹饰，并刻划鱼藻图案，釉质细腻，施釉均匀。

古代茶具做色与做旧的目的，是希望还原其本来的胎质色彩，恢复其原来的表面色调。做色与做旧，不仅需要一定的色彩调配知识，还要有一定的古玩鉴赏能力和一定的做色、做旧技巧。通过做色与做旧，恢复或仿造出古茶具的色彩与质地，必须正确地选择所用的颜料。对于一般性修复的做色与做旧，要考虑到所用颜料需要具有遮盖力、着色粒度、耐光、耐热、耐酸碱等性能。有些颜料在一定的外界自然环境作用下，会发生不同程度的变化，产生化学反应。这就需要操作者在做色时，对所用颜料的性能有所了解。

△ **青釉鸡首壶　东晋**

茶酒器。此鸡首壶盘口、细颈、鼓腹、平底，肩部有鸡头状的流。为黑釉制品，局部有露胎。

△ **青釉鸡头壶　东晋**

高14厘米　口径8厘米

△ **白瓷鸡头壶　隋代**

该器胎质洁白，釉面光润，胎釉已经完全看不到白闪黄或白中泛青的痕迹。

△ **白釉龙流盘口壶　宋代**

高15.5厘米

通体施白釉，龙流龙柄，腹印莲花纹饰，保存完好。

△ **蓝釉龙柄刻花执壶　明代**

高20厘米

修复古茶具时应选择易做色的原料进行修补，这样才不会给做色带来困难。做色的方法很多，可以利用的工具也很多。目前广告设计中人工绘制设计效果图的一些做色方法和工具都可借鉴。操作者要针对修复对象采取灵活的做色方法。

最常见的做色方法是用毛笔和排笔进行完全手工做色。填补的色彩若需平涂，可先用毛笔沿修补处的边线勾画出边框，以防涂色时涂出框外。对于有彩绘纹样的器具，应先涂平底色，然后分析和观察纹样破损处的颜色及式样，调好色彩，用毛笔把破损缺少的纹饰勾画出来。古茶具上的纹样风格多种多样，绘画风格也有时代特色，若想把纹饰勾画得惟妙惟肖，不仅要有细致的观察力，还要有一定的绘画技巧。若是操作者并无把握填好纹样，可先在纸张上练习。另外，用铅笔打稿子也是一种较好的方法。有些茶具上的色彩或图案往往有阴阳变化，例如清代景德镇窑烧制的粉彩瓷或青花瓷茶具，修复做色时要注意图案色彩的渲染变化、浓淡变化，这同样要有一定的绘画技巧。

喷涂做色，也是修复古茶具的重要方法。喷涂的工具主要是喷枪。喷枪分机械型和人工型两种。用喷枪做色，通过气流来喷射色调，能收到细腻、均匀等效果，施工速度也可大大加快。现目前市场上出售的小型喷枪种类很多，可按照需要进行选购。采用喷涂做色方法，操作者在喷涂前，要对喷涂的操作技法进行必要的练习。

这些古茶具修复的做色技法，都是从实践中总结出来的。无论何种方法，只要可以达到理想的做色效果，就都可以采用。

修补、做色后的古茶具，还常常需在色彩上罩一层釉色，因陶瓷茶器大都是施釉的。但是修复古茶具时不可能入窑焙烧出釉色，因这会破坏器具，而只能仿造釉色。仿釉要求在视觉上与原釉相近，并具有一定的附着力和经长期保存而不褪色的性能。仿制的釉色还需要透明，能正确反映出破损部的做色和纹饰。传统的仿釉方法是以虫胶漆为原料，调入酒精后，加色料制成半透明的釉，涂在修复部位。此种仿釉的方法适合于釉色较深的茶具，而仿造白色釉较难。

现在化学工业相当发达，可用来仿釉的新的化学制品有多种。例如丙烯酸漆、醇酸清漆等，都可配制成耐老化性能的釉料。配制时，可用做色颜料和色泽与釉色相近的漆色浆等调配。用漆色浆调制釉料，要注意不能与酸性不同的制剂混合。要求透明、细致的釉料，须采用透明色浆调制。

要想高质量地修补古茶具，仿制出色泽相似的釉是成功的关键。古代茶具釉面的色彩与质感种类繁多，要仿出逼真的釉色，操作者必须经过长期的实践。

△ **粉彩荷花形秋操杯　清光绪**

高18.3厘米

仿釉是一项技术性很强的工作。初学者首先要学会调制釉料。至于釉的喷涂技法，可借鉴油漆木器制品的方法，如先要打磨平整修复作色部位，调制出与胎体釉色相似色相的色泥，然后打底填平，待干燥后，采用喷涂或刷涂等法涂釉。涂釉前最好先用试片进行试验，以做到心中有数。

常见釉色的几种涂仿方法有单色釉茶具，涂釉时先要观察原釉层的特点，如釉层里是否有烧制过程中产生的气泡，釉面的开片纹走势，釉面的色相过渡变化等。对于气泡的涂仿，可涂上一层底釉，在底釉上用钢针捻刺针眼，用毛笔做色填点针眼，再涂一层釉色。也可在釉色中加入少量发泡剂，这同样可达到上述效果。有开片釉面的茶具，涂仿釉时可采用用笔勾勒纹线法。所用颜色可以丙烯色调制。对于自然纹片线条，可用刀刮出自然感觉，然后涂上较透明的仿造釉色。对于釉面有色相过渡的古茶具，揣摩色调的变化是最重要的环节，根据色调，一般先涂出变化的颜色，再涂釉色。

△ **粉彩花卉提梁壶　清同治**

高11厘米

二 古代茶具的做旧

△ **广元窑玳瑁盏　宋代**

高7.8厘米　足径4.6厘米　口径11.7厘米

直口，竖腹往下渐收，圈足。胎灰白，胎上施褐黄色釉，色泽光润，黄褐两色相杂，呈玳瑁状斑纹，为广元窑精品。

在古茶具做旧处理时，首先要对这些器物的旧貌特征进行观察分析。古代茶具，经过自然物质的侵蚀，或多或少总会遗留下一些岁月锈蚀的痕迹。这些痕迹，就是做旧时要效仿的。在古茶具的修复过程中，进行清洁时，应适当保留旧貌特点，这样对修复部分进行做旧，可以与原痕迹相呼应，使器物呈现一定的自然旧貌。

古茶具的旧貌特征不同，就应采用不同的做旧方法。对“火气”的釉面光泽做旧，在配涂釉色时就该考虑进去。自然形成的釉面光泽会随着岁月的增加，在自然侵蚀下逐渐“退火”。对一件新茶具釉面“退火”的方法是，采用酸洗或打磨。古茶具修复部位的做旧，也可采用同样的方法。抛光打磨时应注意不要露出打磨痕，是否露痕是鉴定古茶具时要注意的一点。

模仿古茶具釉面锈蚀的做旧方法，是用胶混合适当的物质制作。锈蚀是由于器物表面黏附化学物质造成的，分析出锈蚀的原因和锈蚀表面的物质成分，即可制造出锈斑。例如，用“502”黏合剂滴于茶具表面，撒上一层与锈斑色泽和化学成分相近似的泥土或其他物质，锈蚀的感觉就可造出。也可用胶调泥土涂在表面做旧。釉面锈蚀做旧的方法还有很多，操作者自己就可想出办法。

古茶具旧貌特征多种多样。修复部位的做旧，在修复过程中，不一定把做旧放在最后来考虑。有些旧貌特点在修补和加固做色时就可同时完成。